「数学的な見方・考え方」を働かせる子どもを育てる

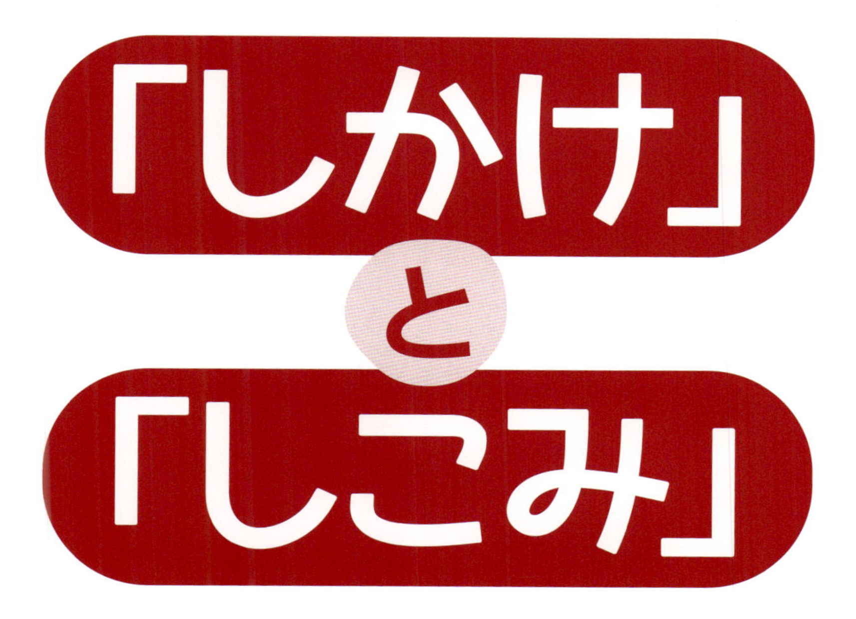

山本良和
［編著］

子どもの心に「こだま」する算数授業研究会
［著］

まえがき

2017年8月，本研究会は『すべての子どもを算数好きにする「しかけ」と「しこみ」』（東洋館出版社）を発刊し，算数授業づくりに対する我々の考えを世に問うた。この算数授業の「しかけ」と「しこみ」という概念は，短期的な視点からの算数授業づくりと長期的な視点からの算数授業づくりという２つの視点を示したものである。毎時間の算数授業で教師が期待する素直な子どもの姿を必然的に引き出す手段が「しかけ」であり，その「しかけ」によって実際に現れた子どもの姿を肯定的に評価し，価値付けていくことが次時以降の学びの「しこみ」となるという捉えである。2018年７月には，「データの活用」に焦点を当てた『すべての子どもを算数好きにする「データの活用」の「しかけ」と「しこみ」』（東洋館出版社）を発刊した。

本書は，その「『しかけ』と『しこみ』」シリーズの第３弾であり，新学習指導要領算数科の目標にも示された「数学的な見方・考え方」に焦点を当てた。この数学的な見方・考え方を働かせるためには，我々が主張してきた長期的な視点「しこみ」が必要となる。「しかけ」と「しこみ」はセットで行われるが，今回は「しこみ」について詳しく述べている。「しかけ」について詳しく知りたい方は，第１弾『すべての子どもを算数好きにする「しかけ」と「しこみ」』を参考にされたい。

数学的な見方・考え方の捉え方についてはⅠ章で，実践事例についてはⅡ章で示した。特に働かせたい数学的な見方・考え方を「しこむ」場面を「しこみチャンス」としている。「しかけ」で引き出した子どもの姿や発言を教師がいかに捉え，どう価値付けられるかが鍵となる。

Ⅱ章は，学年ごとに構成されている。自分が担当している学年を中心に見られる方が多いはずである。おすすめの新しい見方としては，我々が示したＡ～Ｎの数学的な見方・考え方から１つのアルファベットを選び，学年を超えて見比べる方法である。１時間の短い単位ではなく，まさに長期的な視点で本書を活用していただける。

新学習指導要領に準拠した算数の教科書が来年度から使用される。使用される前だからこそ，主体的に「数学的な見方・考え方」について考え，出力したのが本書である。新教科書を使用してからはぜひ本書を基に主体的に関わっていただきたい。我々の提案が読者の皆様にとって参考になれば幸いである。

2019年７月

［著者代表］尾形　祐樹

目次

「数学的な見方・考え方」を働かせる子どもを育てる「しかけ」と「しこみ」

「子どもの姿」から
「数学的な見方・考え方」
がわかる！

I章 「数学的な見方・考え方」を働かせる子どもを育てる「しかけ」と「しこみ」

II章 「数学的な見方・考え方」を働かせる子どもを育てる「しかけ」と「しこみ」実践事例

1年

2年

3年

4年

「子どもの発言」は
価値付けの
チャンス！

I章

「数学的な見方・考え方」を働かせる子どもを育てる「しかけ」と「しこみ」

1 新学習指導要領算数科の目標に見る「数学的な見方・考え方」

「数学的な見方・考え方を働かせ，数学的活動を通して，数学的に考える資質・能力を次のとおり育成することを目指す……」。新学習指導要領の算数科の目標の書き出しである。新教育課程では，すべての教育活動を通して子どもに資質・能力を育むことをねらっている。だから，算数科では「数学的に考える資質・能力」の育成を目指すと表現されることは至極当然のことかもしれない。ただ，「算数的活動を通して……」で始まっていた現行の学習指導要領と比べて，書き出しが「数学的な見方・考え方を働かせ」となっていること，そして「活動」を修飾する言葉が「数学的」に変化しているところが目新しい。新学習指導要領では「数学的な見方・考え方」，「数学的活動」以外にも「数学」という言葉がやたらと多く使われている。目標に限ってみると，「算数」という言葉は１か所しか見られない。これまで以上に数学の系統を意識した学習を算数に求めているのだろう。しかしそれは，算数という言葉の概念を否定しているようにも見える。数学と算数，言葉が違うからにはこれらの概念も異なる。「算数」は，子どもの生活場面に存在する数理的な事象を子どもが認識していく過程を子ども目線で構成していくところに価値がある。一方の「数学」は一つの学問である。学問だから，当然，体系化されている。小学校の教育課程で扱っているのは算数であるということをしっかり意識して目標を捉えないと，学問としての「数学」の系統的な指導を小学校段階で行うように解釈されかねない。新学習指導要領で目指す「数学的に考える資質・能力」は「数学」の内容を直接的に指導することではないと理解した上で目標を読み解き，実際の指導に当たりたいものである。

そのカギとなるのが，今回の目標の書き出しで用いられている「数学的な見方・考え方を働かせ」という表現である。「数学的な見方・考え方」に関しては，学習指導要領解説算数編には次のように示されている。

> 数学的に考える資質・能力の育成に当たっては，算数科の特質に応じた見方・考え方が重要な役割を果たす。算数の学習において，「数学的な見方・考え方」を働かせながら，知識及び技能を習得したり，習得した知識及び技能を活用して課題を探究したりすることにより，生きて働く知識の習得が図られ，技能の習熟にもつながるとともに，日常の事象の課題を解決するための思考力，判断力，表現力等が育成される。そして，数学的に考える資質・能力が育成されることで，「数学的な見方・考え方」も更に成長していくと考えられる。

つまり，「数学的な見方・考え方」は，「数学的に考える資質・能力」を育成する上で重要な役割を果たす「算数科の特質に応じた見方・考え方」のことであり，「数学的に考える資質・能力」と「数学的な見方・考え方」は前提と結果という関係ではなく，双方が支え合い補完し合う関係になっていると捉えられているのである。

また，次のような記載も見られる。

> 「数学的な見方・考え方」については，これまでの学習指導要領の中で，教科目標に位置付けられたり，評価の観点名として用いられたりしてきた。今回，小学校算数科において育成を目指す資質・能力の三つの柱を明確化したことにより，「数学的な見方・考え方」は，算数の学習において，どのような視点で物事を捉え，どのような考え方で思考をしていくのかという，物事の特徴や本質を捉える視点や，思考の進め方や方向性を意味することとなった。（下線は筆者）

このように「物事の特徴や本質を捉える視点」や，「思考の進め方や方向性を意味する」数学的な見方・考え方は，さらに「数学的な見方」と「数学的な考え方」に分けてそれぞれ次のように捉えられた上で意味付けされている。

> 「数学的な見方・考え方」のうち，「数学的な見方」については，「事象を数量や図形及びそれらの関係についての概念等に着目してその特徴や本質を捉えること」であると考えられる。また，「数学的な考え方」については，「目的に応じて数，式，図，表，グラフ等を活用しつつ，根拠を基に筋道を立てて考え，問題解決の過程を振り返るなどして既習の知識及び技能等を関連付けながら，統合的・発展的に考えること」であると考えられる。以上のことから，算数科における「数学的な見方・考え方」は，「事象を，数量や図形及びそれらの関係などに着目して捉え，根拠を基に筋道を立てて考え，統合的・発展的に考えること」として整理することができる。（下線は筆者）

この内容を基に改めて算数科の目標を見直してみると，書き出しにある「数学的な見方・考え方」を働かせる子どもとはどのような子どもなのだろうという疑問を抱く。初めから「数学的な見方・考え方」を子ども自らが意識して働かせられるとは考えられないからである。

「数学的な見方・考え方」は，算数の学習に対して子ども一人一人が目的意識をもって問題解決に取り組む中で引き出され，機能し始めるものだと考えるのが自然である。そして，子どもに自分が「数学的な見方・考え方」を働かせているということを自覚させたり，「数学的な見方・考え方」を働かせた効果をよさとして子どもに意識付けたりする中で，「数学的な見方・考え方」を働かせられる子どもになっていくと考えたい。言い換えれば，「数学的な見方・考え方」は，算数の学習を通じて徐々に豊かで確かなものになっていくものだということである。

なお，「事象を，数量や図形及びそれらの関係などに着目して捉え，根拠を基に筋道を立てて考え，統合的・発展的に考える」という見方・考え方は，働かせる対象を数量や図形から生活の中の事象に置き換えれば，子どもが生きていく世の中の様々な事象や物事へ対応していく上で重要な役割を担っていることがわかる。子どもが算数の学びを通して「数学的な見方・考え方」を働かせる体験は，算数の学習の中だけに止まるものではなく，結果的に子どもが生きていく上でとても重要な「礎」となるものだと考えて，我々教師は指導に当たりたいものである。

ただ，算数科解説に見られる次の記述には異論を唱えたい。それは，「数学的な見方・考え方が学習を通して成長していくものであることに配慮し，それぞれの学年の各領域で働く数学的な見方・考え方を明らかにしておくことも大切である」という記述である。「数学的な見方・考え方」を細かく分析することよりも，それが実際にどのような子どもの姿となって現れるのかということのほうが，我々学校現場の教師にとっては大事なことである。だから，現場の教師にとって必要なのは「数学的な見方・考え方」を細かく分類整理することではなく，「数学的な見方・考え方」を働かせている子どもの姿とは具体的にどのような姿なのかを把握することである。そして，そのような子どもの姿をどのように引き出せばよいかを各学年の具体的な授業場面で検討することなのである。

2 「数学的な見方・考え方」を働かせている子どもの姿

毎日クラスの子どもと面と向かって授業をしている我々学校現場の教師にとって必要なものは，「数学的な見方・考え方」とは何かという中身の整理ではない。それよりももっと大事なことは，「数学的な見方・考え方」を働かせている子どもがどのような姿を示しているのかということを知っていることである。いくら「数学的な見方・考え方」の中身を分析し，抽象的な概念で規定できたとしても，それがどんな子どもの姿として現れているものなのかわからなければ実際の授業では何の役にも立たない。価値ある子どもの姿を価値あるものとして引き出し，価値付けられるようになることが重要なのである。

そこで，本研究会では，我々が実際に行っている日々の様々な算数の授業を分析し，どのような子どもの姿が「数学的な見方・考え方」を働かせている姿だと言えるのかということを検討した。その結果，次ページのような具体的な子どもの言葉や内言（子どもの行為を解釈することによって抽出）を抽出した。ただし，これが「数学的な見方・考え方」を働かせている子どもの姿の完成形というわけではない。これまでに分析した授業から導き出すことができた「数学的な見方・考え方」を働かせている子どもの姿を，現段階で整理した結果を示したものである。今後の分析次第では，「数学的な見方・考え方」を働かせている具体的な子どもの姿はさらに追加されていくと考えている。

「数学的な見方・考え方」を働かせている子どもの姿
（子どもの言葉・内言で表現）

A　数，式，図，表，グラフなどに表すとどうなるのかな？
……式等の算数の表現に表す
B　この数，式，図，表，グラフからどんなことがわかるかな？
……式等の算数の表現を読む
C　どっちが～だろう？／～ってどういうこと？
……問題を発見する，算数的な問いを抱く
D　なぜ～だろう？
……理由について検討する
E　だって，～だから……だね
……前提となる事実を根拠として説明する（演繹的な思考）
F　もしも～だったら
……仮定して，事象を整理する
G　意味は同じじゃないの？
……同じに見ようとする，見えるようになる（統合的に捉えようとする）
H　だったら～の場合でも……できるのかな？
……対象を広げて発展的，類比的に検討する
I　どれにも（いつでも）同じこと（ところ）がある
……きまりを見つける，「同じ」を見つける（帰納的な思考）
J　いつでもできるのかな？（できるのはどのような場合かな？）
……条件を整理して検討する
K　前の～と似ている／今までと～が違う／前の～が使えるんじゃないかな？
……既習と関連付けて検討する
L　もっと簡単な数（形）に置き換えてみると
……対象を単純化して検討する
M　これで本当にいいのかな？
……批判的に検討する，多面的に検討する
N　まず，次に，そして……
……順番を整理して，筋道立てて検討する

以上，A～Nの14項目の言葉や内言が，現段階で我々が導き出している「数学的な見方・考え方」を働かせている子どもの姿である。

なお，下線で示したことは，「数学的な見方・考え方」を働かせている子どもの姿の意味付けを示したものであるが，既に述べたように「数学的な見方・考え方」を細かく分類整理することを目指したものではない。我々がなぜこのような子どもの姿に着目するのかという理由を示したものである。

Ⅱ章で示した第1学年から第6学年までの具体的な実践事例を通して，A～Nの「数学的な見方・考え方」を働かせている子どもの具体的な姿を捉えていただければと思う。

3 「数学的な見方・考え方」を働かせる子どもを育てる「しかけ」と「しこみ」

ところで，本研究会では，算数の授業づくりの考えとして「しかけ」と「しこみ」という手立て及び考え方を提案し，これまで世に問うてきた（※1，2）。

まず，我々が言う「しかけ」とは，本時の1時間の算数授業の中で教師が意図的に仕組む手立てのことを指す。子どもの算数的な問題意識を引き出したり問題意識を深める，あるいは，子ども同士の対話を必然的に生み出したりすることを目的として，当該授業だからこそ設定する具体的な教材の提示の仕方や数値設定，場の設定，子どもに与える教具や発問の設定等に工夫を凝らす。

一方，「しこみ」とは，同一単元内の数時間の授業間，同一学年の複数の単元間，あるいは小学校6年間という学年間のつながりといったそれぞれの長いスパンの中で，教師が意識的に取り入れる授業づくりの手立てのことを指す。

時々，よい問題場面の設定やよい発問をすれば，つまりよい「しかけ」を設定すればよい算数授業ができると思っている教師と出会うことがある。しかし，「しかけ」だけいくら工夫しても，それだけでは不十分だということを我々は提案している。例えば，子どもが算数的な問題意識を抱くのは，1時間レベルの「しかけ」のよさだけではなく，その授業までに継続的に指導してきた「しこみ」の蓄積の豊かさによる。しっかり「しこみ」ができていれば，子どもは本時の「しかけ」に素直に反応する。「しこみ」が蓄積できていれば，必然的に子どもの問題意識が引き出されたり，深まったりしていくという捉えである。では「しこみ」とは何か。単純に言えば，日々の算数授業で設定した「しかけ」によって引き出された具体的な子どもの姿を価値付けることが「しこみ」である。「しこみ」を継続することによって，算数の教材に対して働きかけようとする子どもの姿や，友達の考えに関わろうとする姿が当たり前のこととして位置付いてくるのである。

だから，毎時間設定する「しかけ」は次時以降の算数の学びにとっての新たな「しこみ」となるきっかけでもある。だから，「しかけ」と「しこみ」は表裏一体の関係にある。

本書のテーマである「数学的な見方・考え方」を働かせる子どもを育てるためにも「しかけ」と「しこみ」の考えが大事になる。なぜなら，「数学的な見方・考え方」は一朝一夕に育てられるものではなく，「数学的な見方・考え方」を働かせている姿を継続的に評価していく中で身に付けていくことができるものだからである。だから，まず，教師は当該授業の中で「数学的な見方・考え方」を働かせている子どもの姿を引き出すための「しかけ」を工夫して授業を設計する。そして，実際の授業で引き出すことができた具体的な子どもの姿の価値を，教師が子どもたちに自覚させるように肯定的に評価する。それが「数学的な見方・考え方」を働かせる子どもを育てるための「しこみ」となる。Ⅱ章の実践事例では，「しこみチャンス」という形で表現しているので，「しこみ」の具体がイメージしやすいと思う。参考にしていただきたい。

なお，これまでに発刊してきた『「しかけ」と「しこみ」』シリーズでも「しかけ」と「しこみ」の関係を図示してきたが，本書では「数学的な見方・考え方」を位置付けて改めて整理してみた。モデルの修正は，研究仮説の修正を意味するが，我々が考える「しかけ」と「しこみ」の関係の本質は変わらない。ただ，新学習指導要領の評価の観点をモデルの中に組み入れることで，「しかけ」と「しこみ」と「数学的な見方・考え方」，「数学的活動」，そして評価の観点（知識・技能，思考・判断・表現，主体的に学習に取り組む態度）との関係を視覚的に捉えやすくしてみた。

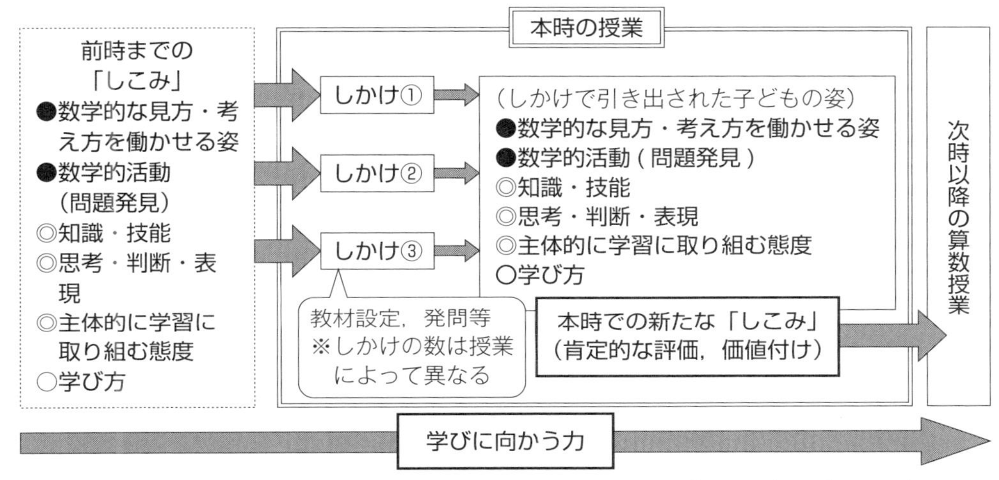

「数学的な見方・考え方」を働かせる子どもを育てるため「しかけ」と「しこみ」

※1　山本良和編著，子どもの心に「こだま」する算数授業研究会著『すべての子どもを算数好きにする「しかけ」と「しこみ」』2017年　東洋館出版社

※2　山本良和編著，子どもの心に「こだま」する算数授業研究会著『すべての子どもを算数好きにする「データの活用」の「しかけ」と「しこみ」』2018年　東洋館出版社

「数学的な見方・考え方」を働かせる子どもを育てる「しかけ」と「しこみ」実践事例

「しかけ」と「しこみ」

1年 ぜったい○だよ！ ［ひきざん］

1 本時のねらい

加法と減法の関係性やカードの関係に着目して考えることができる。

2 本単元でしこむ数学的な見方・考え方

時	主な学習活動	しこみたい数学的な見方・考え方
1～2	繰り下がりのあるひき算で，減加法を使って計算する。	A　どんな計算になるのかな。
3～5	減加法の技能を伸ばす。	B　どんな計算をすればいいのかな。
6～7	繰り下がりのあるひき算で，減減法を使って計算する。	A　こっちを分けても計算できるのかな。
8～12	減法の技能を伸ばす。	B　どっちを分ければ簡単に計算できるかな。
13（本時）	**E　残りの 4 枚のカードの関係に着目して，根拠をもって考える。** **F　□に数を仮定して入れ説明する。**	

3「しかけ」と「しこみ」の具体

加法減法の学習が一通り終わった「ひきざん」の習熟場面で，たし算とひき算の関係性や数の合成・分解の理解を感覚的に高めるため簡単な数当てゲームを行い子どもの意欲を高め，計算技能を伸ばす。

子どもにはカードをランダムに並べているように思わせておき，実際は意図的に数字を選んで（次ページ A ～ C）掲示していく。初めは当てはまる数字が 1 つしかないカードを並べていき，子どもは運や勘で答えていくが，□に入る数字を 1 つずつ当てはめ考えていく中で ? のカードを消去法的に見つけ出していく。次に答えが 2 つの式になる数字を選んで提示し，「もしもこっちにこのカードを入れたら，もう 1 つができない」と考えさせていく中で，段階的に考え方を深めていく。また，そのような数学的な見方・考え方を働かせている子どもの発言を取り上げ，全体で共有して深い学びへと導いていく。

1 ～ 5 までの数の和は 15 なので，□に入る数字を考えなくても 15 から下の 2 つの式の答えを引けば ? のカードが分かるが，ここではあえて扱わない。もし気付く子どもがいたとしたら，算数ブロック等の半具体物を使って説明させていく。また，子どもから「カードの数を増やしたい」，「カードの数を変えてみたい」と発展的に考える姿を全体で共有して価値付けていく。

❹ 板書計画

?のカードはいくつかな？

のこりは？

① ?　② ?　③ ?

□+□=4　□+□=9　□+□=7　□+□=4　□+□=5　□+□=7

1と3　4と5　2と5　1と3　~~2と3~~　2と5

ぜったい　~~3と4~~　1と4　~~3と4~~

こっちにつかうと？　ぜんぶで4つのしき

A □が1通りの置き方（6通り）

?が1の場合	□+□＝7	□+□＝7
?が2の場合	□+□＝4	□+□＝9
?が3の場合	□+□＝3	□+□＝9
	□+□＝6	□+□＝6
?が4の場合	□+□＝3	□+□＝8
?が5の場合	□+□＝5	□+□＝5

B □の片方が2通りある置き方（6通り）

?が1の場合	□+□＝5	□+□＝9
	□+□＝6	□+□＝8
?が2の場合	□+□＝5	□+□＝8
?が4の場合	□+□＝4	□+□＝7
?が5の場合	□+□＝3	□+□＝7
	□+□＝4	□+□＝6

C □の両方が2通りある置き方（3通り）

?が2の場合	□+□＝6	□+□＝7
?が3の場合	□+□＝5	□+□＝7
?が4の場合	□+□＝5	□+□＝6

❺ 授業の流れ

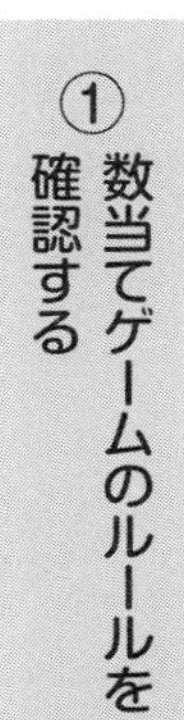

① 数当てゲームのルールを確認する

・1～5までの数が書かれたカードを裏返して黒板に掲示する。

・残りの4枚のカード並べ，2組のたし算の式にして，その答えをヒントに考えていく。

1～5までのカードがあります。この?のカードの数はいくつでしょうか？

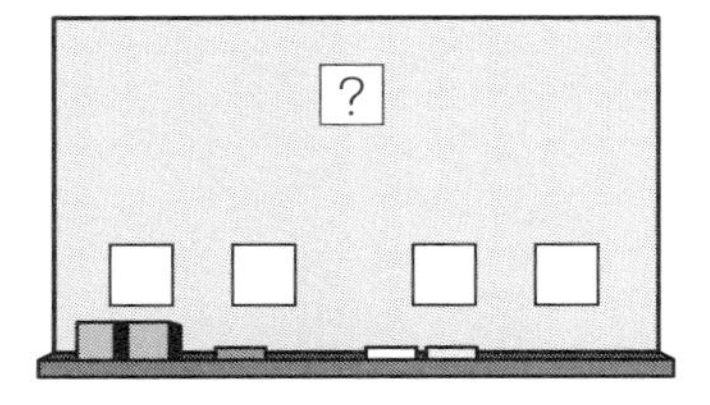

えー，これじゃ分からないよ。
他のカードはいくつなの？

② ヒントを基に?のカードを考える

《A □が1通りの置き方》
下のカードを2つのたしざんの式にすると，答えは４と９です。

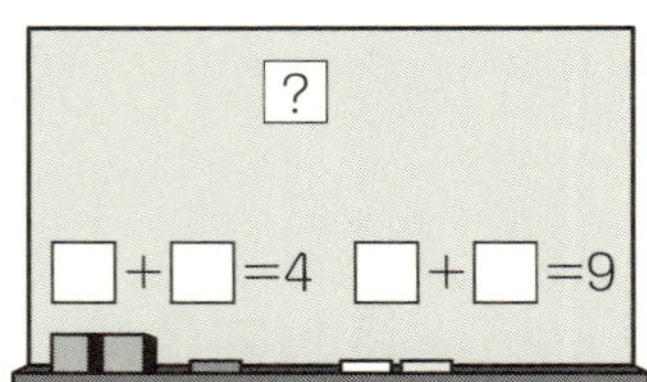

これなら分かる。４になるのは
１と３しかないから

E 根拠をもって考える

残りの４枚のカードの関係に着目して考える。

□に数字を当てはめ，「これしかないから，絶対に」と，残った数が?のカードだと根拠をもった発言を板書する。

③ □の片方が2通りある置き方で?を考える

《B □の片方が2通りある置き方》
?のカードはいくつでしょうか？

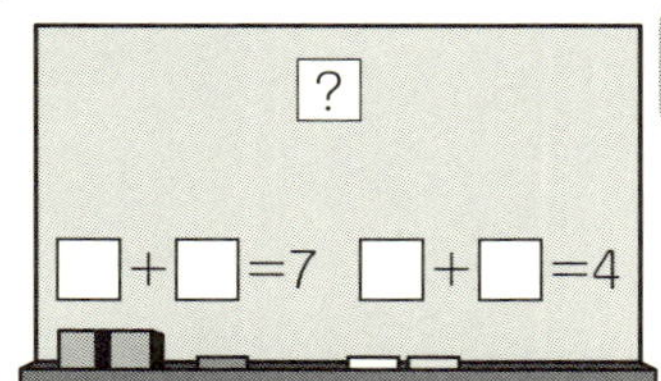

例えば，こっちに３と４を使うと
あっちができないから……

F 仮定して考える

□に数を入れ説明する。

「例えばこっちに～」と，仮定して片方に数字を当てはめたとき，もう片方の式が成り立たなくなるという発言を板書し，全体で確認し合って考えを共有していく。

④□の両方が2通りある置き方で?を考える

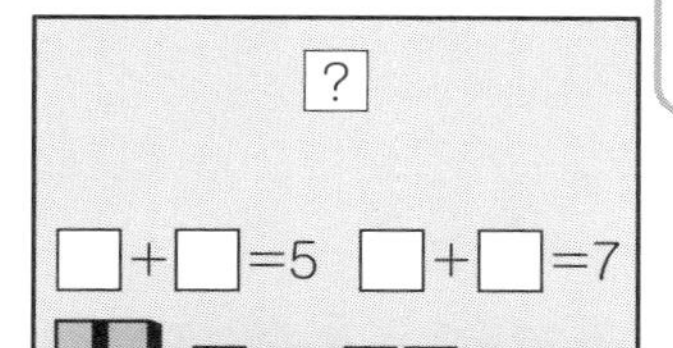

F 仮定して考える

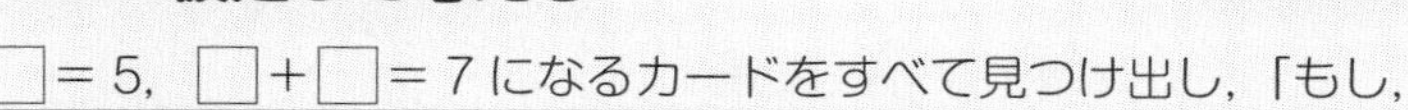

□+□＝5，□+□＝7になるカードをすべて見つけ出し，「もし，こっちの数字を使ったら～」と，前で説明させる。「どういうことかな？」と他の子にもう一度説明させ，考えを共有していく。

❻「しこみ」が活かされる場面

●根拠をもって考える

本時は，「4は1と3，9は4と5だから……」というように数の分解を行い□に数を当てはめてたし算の式を考えていく。また，「1を入れると4－1＝3だから……」「4は2と2でもできるけど，カードは1枚しかないから……」とたし算とひき算の関係性に着目させたり，カードは1枚しかないから同じ数は使えないと確認したりして考えさせていく。

その中で，□に入る数の根拠を「絶対」という言葉に置き換え，日常の授業の中で根拠をもって考えて発言しようとすることに生かされていく。

●仮定して考える

□に入る数をすべて板書して，「もしこっちに使うとこっちはできないから……」とカードの関係性を考えて子どもに発言させていくことは，根拠を示すことになり，低学年のうちから素地を養っていき，授業の中で根拠をもって考えて発言しようとすることに生かされていく。

●□を使った式

1年生のうちから式に□を使ってたし算やひき算を考えていくことで，2年生「たし算とひき算」でのたし算とひき算の関係性の学習，3年生「□をつかった式」で，□に数を当てはめること，分からない数を□に置き換えることや，x，y 等の文字を使った式づくりの素地となる。

1年 おかしい式があるよ！
[3つの数の計算]

❶ 本時のねらい

3つの数の加減混合の式の意味を場面絵と合わせて理解し，その計算ができる。

❷ 本単元でしこむ数学的な見方・考え方

時	主な学習活動	しこみたい数学的な見方・考え方
1	3つの数の加法の場面を1つの式に表す	A　3つの数でたし算に表せるんだ！
2	3つの数の減法の場面を1つの式に表す	A　3つの数でひき算もできる！
3（本時）	F　もし～だったらと仮定して考える。 A　場面に合わせて4つの式に表す。 B　式を読む。 M　批判的に考える。	
4	3つの数の加減混合計算の仕方を考え，計算する。	A　10より大きくても計算できるよ！

❸「しかけ」と「しこみ」の具体

本時でしこみたい数学的な見方・考え方は，場面に合わせた式を表していくと，場面に合わない式が1つ出てきて，「おかしい！」と式を読んで，批判的に考える姿である。

そのために，バスに乗っているのか，降りているのかわからない，たし算にもひき算にも取れるような場面（図1，図2）をしかけとしている。

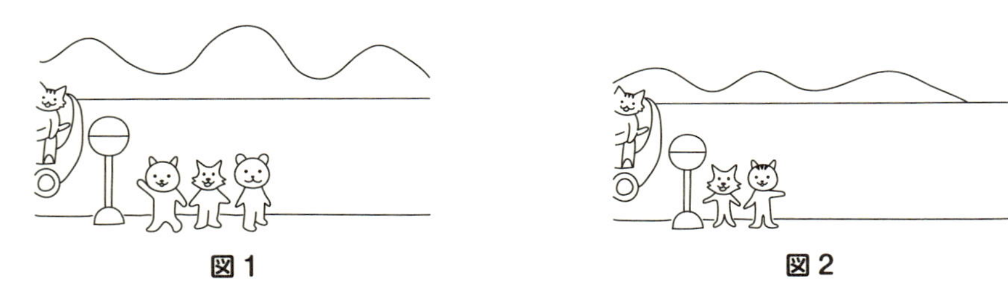

図1　　図2

「おかしい式があるよ！」を引き出すために数値設定をしかけとしている。最初にバスに乗っている人数を4人，1つ目のバス停の人数を3人，2つ目のバス停の人数を2人としている。全部降りたと考えると4－3－2になって「おかしい！」が引き出せる。また，全部足しても繰り上がりがないような数値になっている。

④ 板書計画

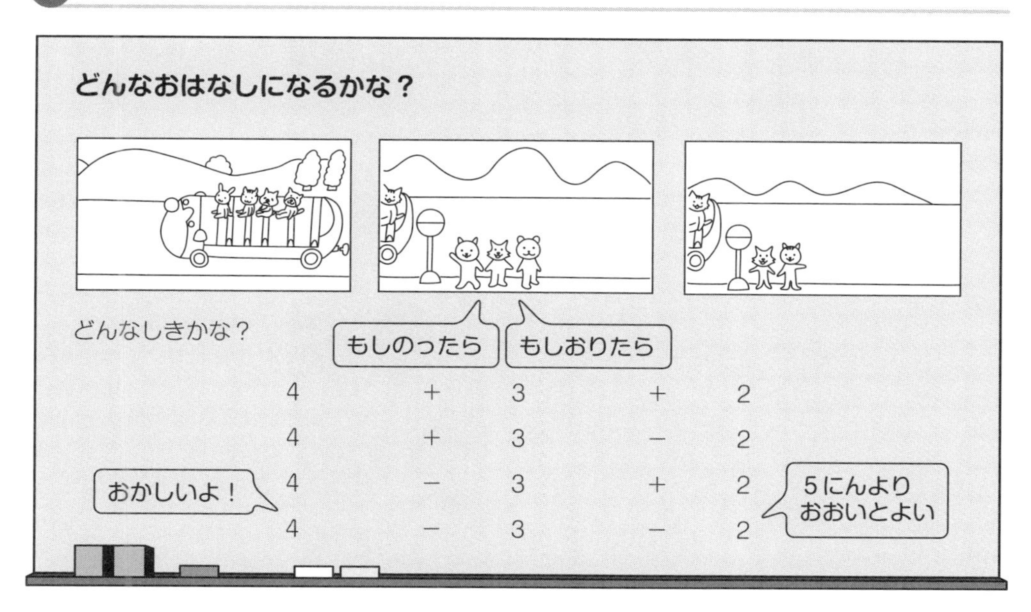

⑤ 授業の流れ

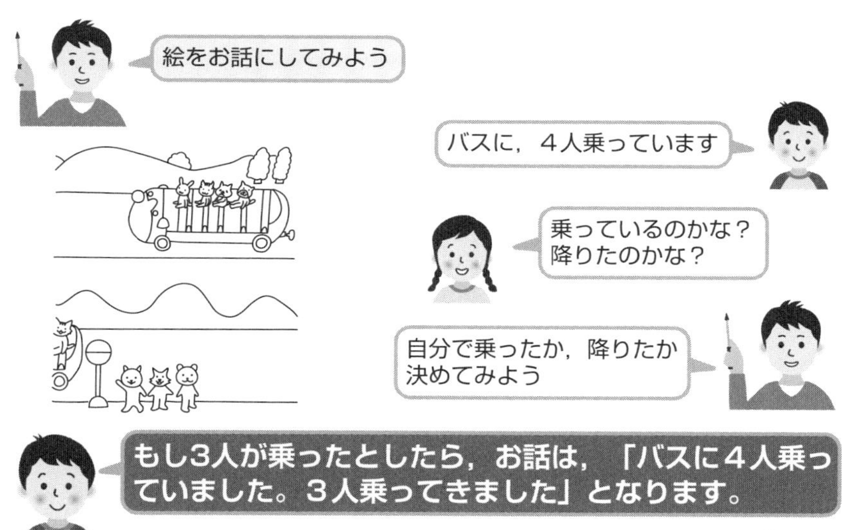

G「もしも～だったら」と仮定して考える

「もし乗ったら」と仮定して考える姿を「『～だったら』と考える姿はいいね」と褒めて，「もし～したら」と板書する。この場面だけでなく，次のバス停の場面も同様に「しこみチャンス」である。

② お話を式にする

ここまでを式にしてみよう

もしバスに乗ったら，
4＋3

もしバスから降りたら
4－3

じゃあ，次の場面だよ。3つの場面を１つの式に表すとどうなるかな？　答えは出さなくていいよ。

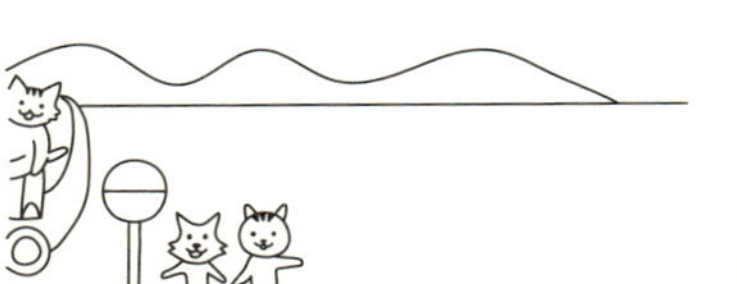

乗っているのかな？
降りたのかな？

もし両方バスに乗っていたら，
4＋3＋2

③ 式と場面を結び付けて考える

いくつ式ができたかな？

4つできました

もし両方バスに乗っていたら，
4＋3＋2

4＋3－2

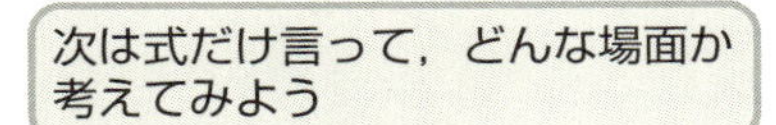

4－3＋2

おかしいよ！　それじゃあ，バスに乗っていた人が足りない

N　批判的に考える

おかしいと気付いた子をすぐに褒めないで，他の子にどうしておかしいか考えさせる。すると，乗っていた人が４人では足りないことに気付くので，何人乗っていればよいのか考えさせる。マイナスという言葉を自然と使う子がいるかもしれないが，あまり深入りしない。

4－3－2はおかしいよ！
だって，最初にバスに乗って
いたのは４人なのに……

バスに何人乗っていれば足りるの？

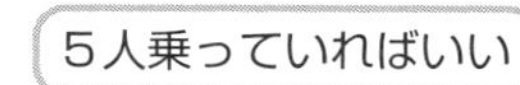

10人でも大丈夫。５人より
多ければいい

6「しこみ」が活かされる場面

●仮定して考える

1年生から，「もし～だったら」と仮定して考える態度を育てていきたい。本時の中だけでも1つ目のバス停で仮定する態度を身に付ければ，2つ目のバス停の場面で「もし最初に乗って，次に降りたら」と使うことができる。選択する場面があるからこそ使える。1年生だからと言って，演算が決まっていて，選択する場面がなければ，仮定して考える態度は身に付かない。

また，子どもから「もし～だったら」という言葉が出なくても，「乗ったら」という「たら」という言葉が出れば，仮定している態度と考えて「今の『たら』はいいねえ」と褒めて，「自分で決めて『もし～だったら』と考えることはすごくいいことだよ」と伝えることもできる。

●批判的に考える

まずは「おかしい！」という場面を授業の中で時々扱うことが大切である。いつも正答のみを扱う授業では，子どもが正しいか正しくないかを自分で判断したり，批判的に考えたりする態度が育っていかない。本時では，「2つ目のバス停でバスから降りる」というあり得る場面だからこそ，数値を気にしないと「4 － 3 － 2」という式が表現される。

さらに「4 － 3 － 2はおかしい！」の理由を考えさせたい。子どもが最初に説明する理由は「答えが出ない」ということであろう。「絵でいうと，どういうこと？」と問い返し，式だけでなく場面に合わせた説明をさせたい。「最初に乗っている人では足りない」という説明を引き出し，さらに，「じゃあ，何人乗っていればいいの？」と条件を絞って子どもに問いかけていく。「5人だと，5 － 3 － 2 ＝ 0になる」，「10人乗っていても大丈夫だよ！」，「100人だっていいよ！」など自由に発言させる中で，「5人より多ければ大丈夫！」という範囲を考えた発言が出たら，「『～より多い』という言い方がすばらしいね」と褒めて「5人より多いとよい」という言葉を板書し，使える言葉としたい。

1年 ひっくり返したら同じだね［かたちづくり］

1 本時のねらい

色板をずらしたり回したり裏返したりすることを通して，いろいろな形をつくることができる。

2 本単元でしこむ数学的な見方・考え方

時	主な学習活動	しこみたい数学的な見方・考え方
1	三角の色板を並べていろいろな形をつくる。	A　こんな形もつくれるよ！
2（本時）	**I　どれにも同じところがあると特徴を捉え分類する。 G　形を回転したり移動したりして同じと見る。 H　きまりを見つけ，そのきまりを確かめようとする。**	
3	色棒を並べたり点と点をつないだりしていろいろな形をつくる。	G　棒でも似ている形がつくれたよ！
4	パターンブロックを並べて形をつくる。	H　違う置き方でも同じ形がつくれるよ！

3「しかけ」と「しこみ」の具体

本単元では直角二等辺三角形の色板を使用する。

第１時では，枚数は限定せず，子どもが自由にいろいろな形をつくることができる場を設ける。「三角を合わせて四角がつくれたよ」，「こんな形もできたよ」，「あと１枚できれいな形がつくれるのにな」など，試行錯誤しながら形に表して考える見方を価値付ける。「どういうところがきれいな形だと思ったの？」と問い返したり，全体で共有したりすることが，本時のなかまわけで同じを見つけ，特徴を捉えるためのしかけとなる。

本時では「色板の枚数を限定し，何種類の形がつくれるか問う」しかけをすることで，向きは異なっても同じ形である（同じ種類に含まれる）ことに気付かせる。「どうやったら同じ形になるの？」，「本当に？」と問い返し，いろいろな子どもに説明させたり，説明されたことをやってみたりする活動を繰り返し行うことで，図形を捉えるいろいろな見方の素地を養いたい。また，「子どものつくった形を教師が分類して黒板に掲示する」しかけをすることで，それぞれの特徴に気付かせ，頂点や辺に目を向けさせられるようにする。教師が分類したものに子どもが名前を付けることで，どれにも同じところがあるという見方を常に意識できる。「色板の枚数を少ない枚数（２枚）から限定する」しかけをすることで，「2枚だったら３種類，３枚だったら４種類できた！　じゃあ４枚だったら５種類かもしれない！」と規則性を見つけ，確かめてみたいという子どもの意欲を引き出す。

④ 板書計画

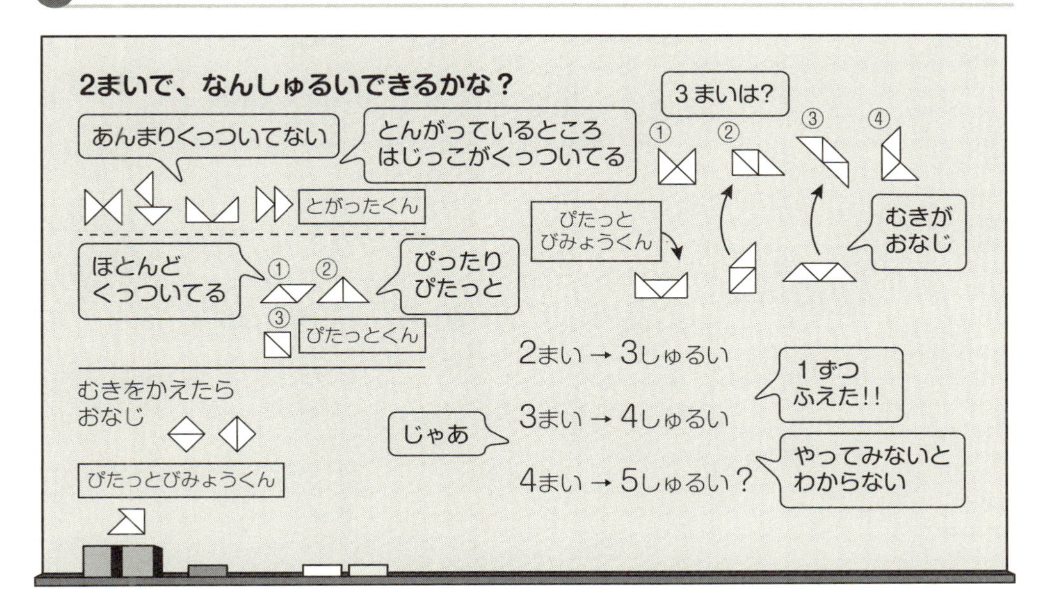

⑤ 授業の流れ

① 2枚の色板を使って様々な形をつくる

2枚の色板で何種類の形ができるかな？

上と下は，何が違うのかな？

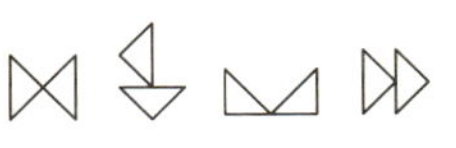

とんがってるところがくっついているよ。「とがったくん」だ！

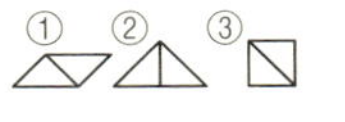

こっちは長いところがぴったりくっついているよ。「ぴたっとくん」だ！

Ⅰ どれにも同じところがあると特徴を捉え分類する

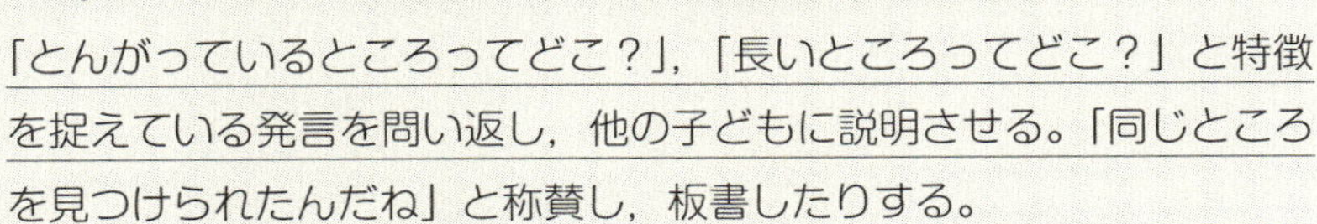

「とんがっているところってどこ？」，「長いところってどこ？」と特徴を捉えている発言を問い返し，他の子どもに説明させる。「同じところを見つけられたんだね」と称賛し，板書したりする。

今日は「ぴたっとくん」が何種類できるか考えてみましょう

②移動や回転しても同じ形になるものは1種類になると確認する

他にもできたよ！

でも，向きを変えたら同じ形になるよ

G　形を回転したり移動したりして同じと見る

「どういうこと？」と問い返して説明させる。「向きを変えたら同じ形になるんだ」と復唱し板書する。また，全員が理解できるよう，「本当に同じ形になるかやってみよう」と追体験させる。

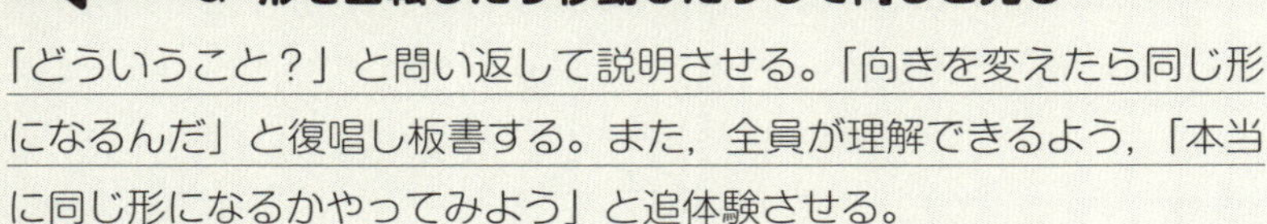

③色板の枚数を１枚増やして形づくりをする

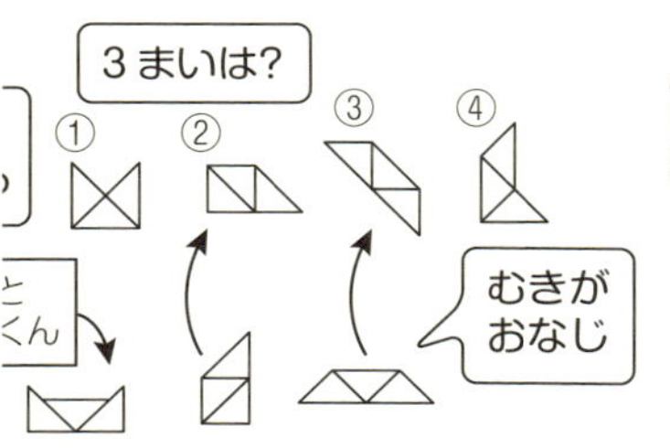

その形，難しそうだね。
どうやってつくったの？

１枚だけひっくり返したら，すぐに別の形もつくれるよ！

あっ！　ひっくり返したら同じだね

G　形を回転したり移動したりして同じと見る

「えっ!?　本当に同じ形になるの？」と問い返して追体験させる。「○○さんの気持ちが分かる人？」と他の人に説明させる。「よく気付いたね」と称賛する。

④ 色板の枚数をもう1枚増やして形づくりをする

３枚では４種類できました。色板を１枚増やすと１種類増えています

じゃあ，４枚だったら５種類になるのかな？

H きまりを見つけ，そのきまりを確かめようとする

きまりを見つけたことや，そのきまりを確かめようとすることを褒める。４枚だったら５種類になると思うか全員に問い返し，予想させる。

6 「しこみ」が活かされる場面

●共通点を見つける

本時では何種類あるか探していく中で，特徴を捉え分類しながら形づくりをする。1年生では頂点や辺といった用語を使わないが，「とんがっている部分（頂点）」，「線になっている部分（辺）」など子どもの言葉を使いながら，頂点と辺の違いや図形の特徴を捉えていく。このしこみは，次時（第３時）に色棒を使って形づくりをする際や，２年生の長方形と正方形の学習で活かされる。１年生で見つけた「三角は棒が３本，四角は４本」という特徴から，２年生では「三角形や四角形は辺や頂点の数が同じだ！」と，三角形と四角形の構成要素を捉える際にも活かされる。また，本時では，分類は教師が行い，共通点を見つけさせるが，共通点を見つけたことを大いに価値付けることで，学年が上がるにつれて，自分たちで共通点を見つけ分類する数学的な見方・考え方の素地を養いたい。

●仲間分けをして特徴を捉える

分類した特徴を基に子どもが名前を付けることで，常にその特徴を意識し「同じ」を見つけることができる。このしこみは，３年生の「三角形を調べよう」で，辺の長さに着目して二等辺三角形や正三角形を理解する際や，４年生の「四角形を調べよう」で辺の平行関係に着目して，台形，平行四辺形，ひし形を定義し仲間分けする際に活かされる。

●同じと見る

何種類あるかという問いによって，「向きを変えたりひっくり返したりすると同じ形になる（同じ種類に含む）」ことに気付く。向きを変えたりずらしたり，回転したりすることで，同じ形や新しい形を簡単につくることができるようになることを説明させるだけでなく，全員に追体験させることが大切である。色板をいろいろな方向に動かす体験をさせることで，５年生の合同な図形や６年生の対称な図形で「折ったらぴったり重なる」「点を中心に回転させたら同じ形になる」という数学的な見方・考え方の素地につながる。

1年

車をのせてくらべたい！
[広さ比べ]

❶ 本時のねらい

身の回りにあるものの面積に関心をもち，任意単位の数で比べることができる。

❷ 本単元でしこむ数学的な見方・考え方

時	主な学習活動	しこみたい数学的な見方・考え方
1	レジャーシート等を直接比較で比べる。	K　いつでもできるのかな？
2（本時）	A　数値化して任意単位で広さを比べる。	

❸「しかけ」と「しこみ」の具体

本時でしこみたい数学的な見方・考え方は，数値化して任意単位で広さを比べることである。数値化の考えは，教師側が何も工夫をしないとなかなか子どもからは出てこない。しかし，初めからマスがあってはしかけにならない。そこで，本時のしかけとして「駐車場の広さ」という場面を設定した。駐車場であるから車が任意単位になるのである。さらに，一見形の異なる図１と図２（共に線なし）の面積を，図３の車がちょうど８台分入るように設定していることがもう１つのしかけである。

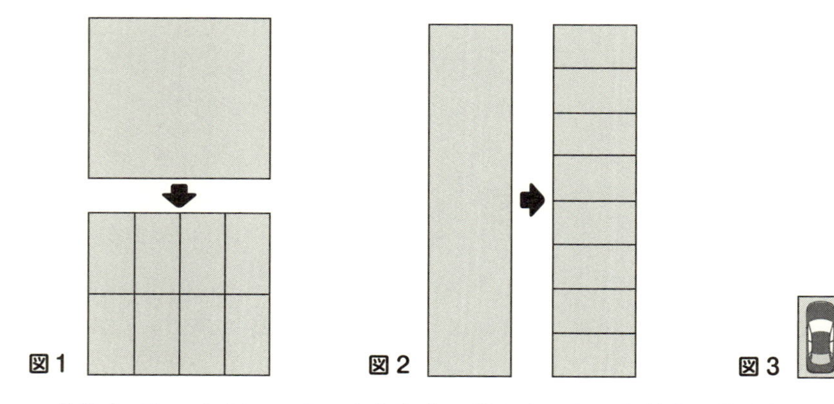

前時までに，レジャーシートなどある程度広いものを教室や体育館などで実際に広げて広さを体感させ，複数の広さを重ねて比べる（直接比較）経験をさせている。そこで図１と図２を提示すると，前時の重ねたいというアイデアが出るであろう。もちろん駐車場であるから，重ねることはできない。仮に重ねてもうまくはみ出た部分を比べることは難しい。ここで子どもから「車の大きさが知りたい」という発言を待ちたい。もっと子どもに試行錯誤させたい場合は，車の大きさを図３のぴったり８台分の車だけでなく，車２台分の駐車場など他の大きさを入れてもよい。

④ 板書計画

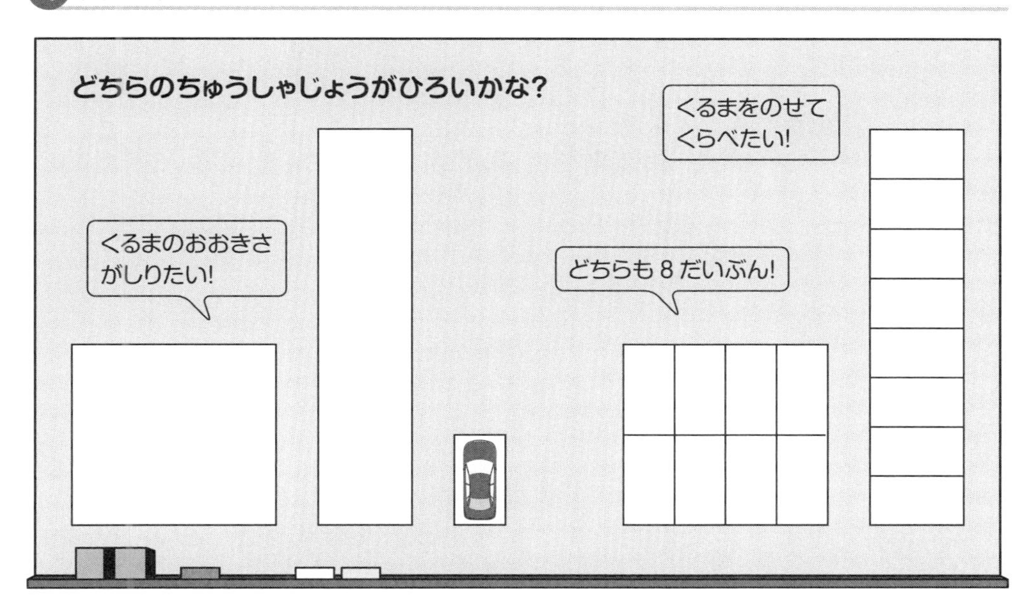

⑤ 授業の流れ

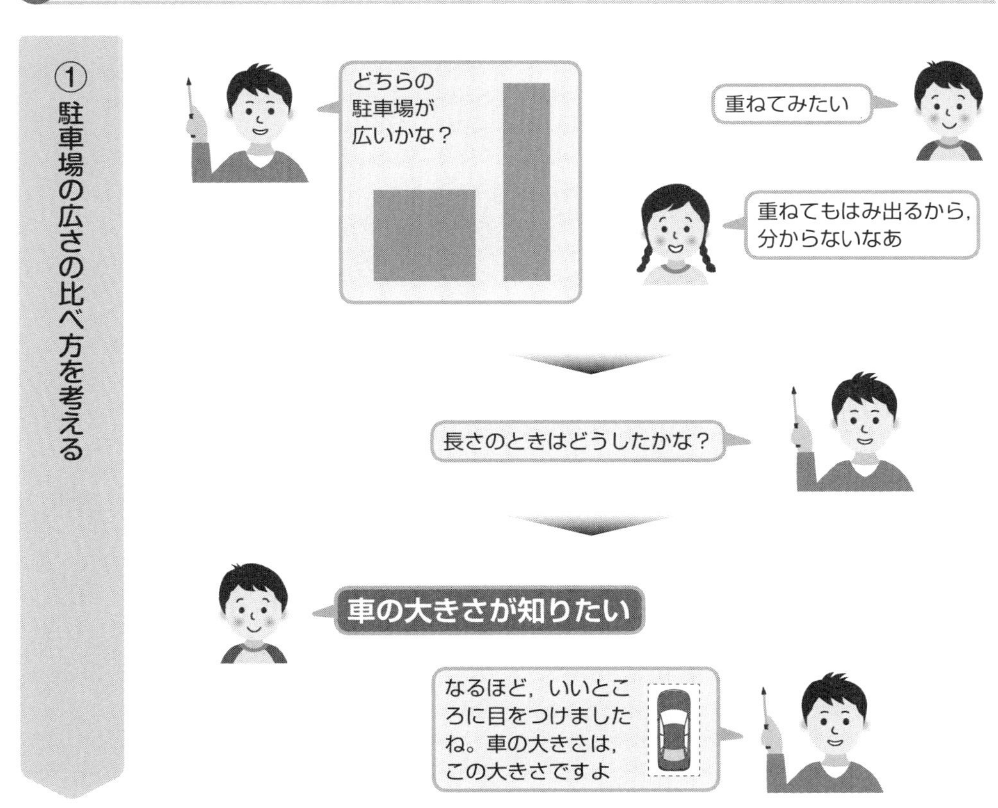

② 車の大きさで駐車場を比べる

車を駐車場に乗せて比べたい

A 数値化して任意単位で広さを比べる

任意単位となる車のアイデアが出たら，「車を乗せたい」や「駐車場に線を引きたい」など車の台数で考えようとする姿を褒めたい。ただし，すぐに褒めず，「どういうこと？」と問いかけ，全体で共有し，全員が確かめられるように駐車場と車の印刷されたプリントを配布する。

③ 全員で確かめる

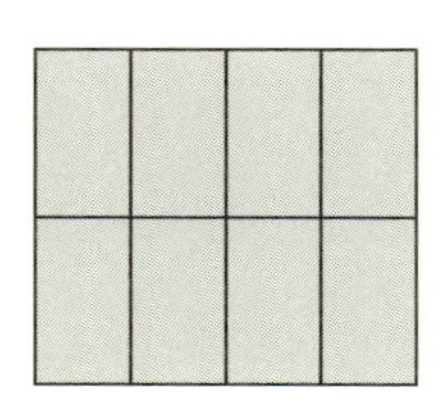

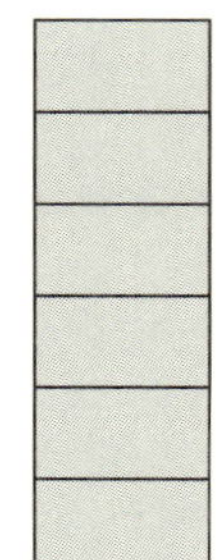

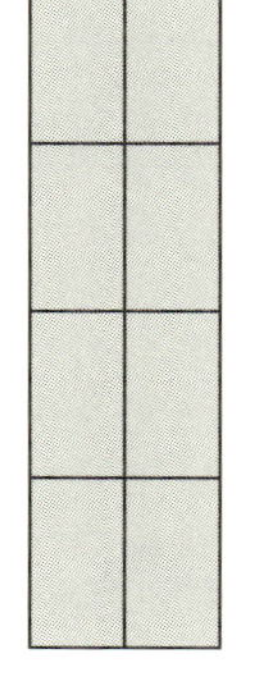

私は，車の置き方が違うけど，同じ８台になったよ

どちらも車８台分だよ！

④ 身の回りのものの広さも任意単位で比べる

教室にあるものの広さも，車のように同じ大きさで，広さを比べられるものはないかな？

床の広さはマスの数を数えればいいよ

壁の広さは，みんなの貼ってあるファイルの数を数えれば分かるよ

資　料

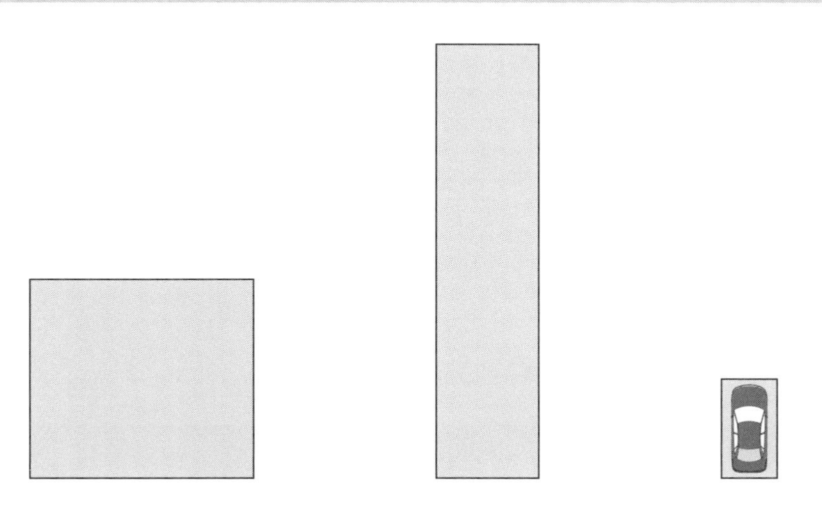

6「しこみ」が活かされる場面

●数値化して任意単位で比べる

任意単位となる基準を決めて数値化して比べる学習は,「長さ」で経験している。長さの学習の中で数値化する考えがしっかり身に付いていれば,本時で活かされるはずである。教科書によって,その経験が前時である場合と,随分前に経験している場合とがある。特に,長さの学習が本時と離れている場合は,長さの学習をしっかりと想起させたい。また,本時も駐車場の広さを車の台数で比べることにとどまらず,身の回りの広さを教室にあるもので任意単位を決めて数値化するという経験を大切にしたい。

●測定のプロセス

広さを次に学習するのは,4年生である。本時から大分離れている。しかし,直接比較,間接比較,任意単位による比較,普遍単位による比較という測定のプロセスは,上記に示したように面積に限ったことではない。

新学習指導要領(平成29年告示)では,これまでの「B量と測定」の内容が,測定のプロセスを充実させる1～3年生の「C測定」領域と,図形を構成する要素に着目して,図形の性質を考察したり,それを活用したりする図形領域としての4～6年生の「B図形」に再編成された。領域再編成の意図からも分かるように,本時の測定のプロセスは大切に扱いたい。

●2年生の長さ・かさで普遍単位

2年生では,1年生で経験した直接比較,間接比較,任意単位による比較に加えて,長さの単位(mm,cm,m),かさの単位(mL,dL,L)などの普遍単位を新たに学習する。調べたい量について,見当を付けて測定し,適切な単位で量を表せるようにするためには,自分で基準を決めて比べる1年生でのしこみが活かされる。

2年 全部同じ数ずつなら，簡単に言えるよ［かけ算］

1 本時のねらい

・色や形の異なるサイコロの様子を表現する活動を通して，同じ数ずつのまとまりを子どもたち自らがつくり，簡潔に表せることのよさに気付くことができる。
・同じ数ずつのまとまりをつくったとき，かけ算の式に表せることを知り，サイコロの様子をかけ算の式で表す。

2 本単元でしこむ数学的な見方・考え方

時	主な学習活動	しこみたい数学的な見方・考え方
1（本時）	C　色や形の異なるサイコロを見て，分類の視点を見付ける。 A　まとまりが分かりやすいよう，図のように並べて置く。 J　同じ数ずつで表せるまとまりと，そうでないものがあることに気付く。 K　「○個ずつ□種類」という状況を言葉や式で説明し，かけ算の意味を既習と関連付けて理解する。	
2	サイコロの様子をかけ算の式に表したり，式からサイコロの様子を考えたりする。	B　式を見て１つ分といくつ分が分かるよ。式に合わせてサイコロを置けるよ。
3	かけ算を用いることができる場面において，総数の求め方を考える。	K　たし算を使えば，全部の数が分かるよ。
4	長さ（連続量）についてかけ算を用いることができるか考える。	A　1mが「１つ分」で，それが「いくつ分」だから，かけ算で表せるよ。
5	身の回りのものをかけ算の式・図・言葉で表す。	A　これは，「○×□」の並び方だ！　○個ずつ□列分だよ。絵でかくと……。

3 「しかけ」と「しこみ」の具体

本時「かけ算」の導入において最もしこみたい数学的な見方・考え方は，「1つ分」をつくる視点，そして具体物の操作などによってまとまりを自分でつくることである。

平成31年度現在，使用されている教科書では，全社で遊園地の場面を導入課題としている。動いている状態にある乗り物の乗客数を数えるには，「1つ分」と「いくつ分」のみを捉えればよいかけ算は有用である。しかし，この問題場面は「1つ分」が明確に示されているために，子どもたちにとって「1つ分」や「1つ分がすべて同じ数ずつであること」を意識する必要がないと考える。そこで，本実践では「同じ数ずつ」のまとまりというかけ算の本質的な部分を，子ども自身につくらせてかけ算の概念を獲得させる。

❹ 板書計画

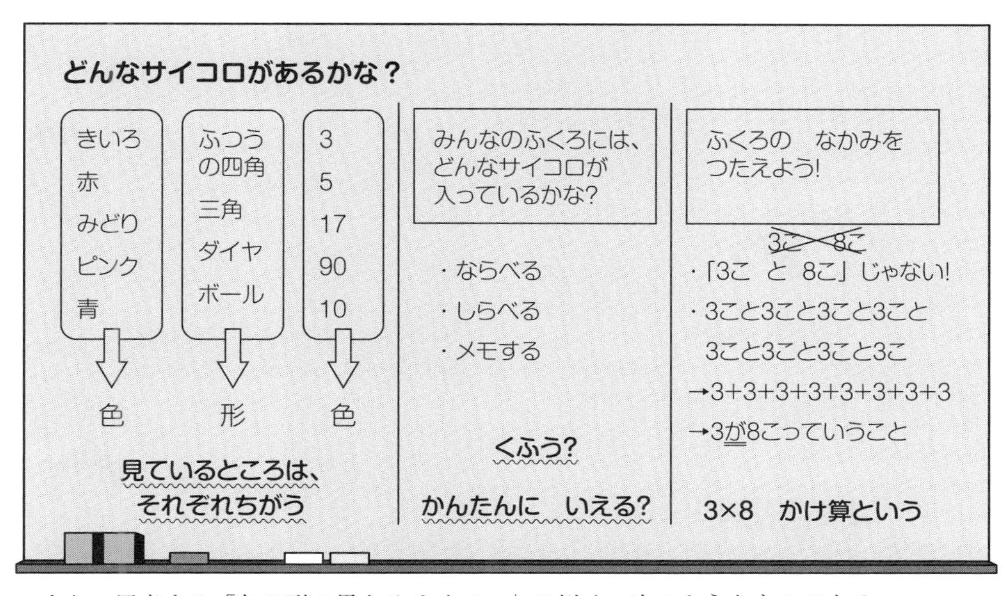

また，用意する「色や形の異なるサイコロ」の例は，次のようなものである。

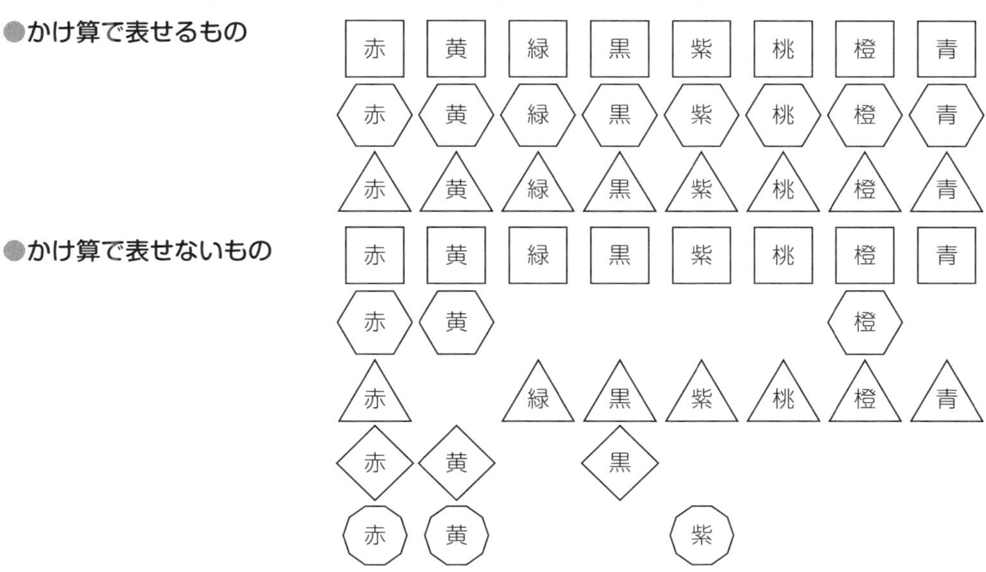

※用意が難しい場合には，紙カードで代用したり，総数を 12 などに減らしたりする。

❺ 授業の流れ

すてきなサイコロを持ってきました。どんなサイコロがあるかな？

① サイコロを見て、見つけたことを出し合う

いろいろな色がある！　例えば，黄色

変わったサイコロがあるよ！
三角のサイコロ

数も書いてあるよ！　17とか

同じサイコロなのに，人によって見ているところがいろいろだね。例えば……？

色や形や数字で見ているよ

C　分類の視点を見つける

子どもたちの発言を，「色」，「形」，「数」に分けて板書する。「これはどんな仲間かな？」と全体に問い，着目した視点を明らかにする。

② どんなサイコロがあるか、並べて調べる

みなさんにも，このようなサイコロが入った袋を配ります。さて，どんなサイコロが入っているかな？　後でみんなに紹介できるように，工夫してノートにメモしておきましょう

赤３個，黄色３個……３個ずつで，８色ある

黄色４個，ピンク２個……。普通のサイコロは８個揃っているけど，あとはバラバラだ

きれいに並べられて簡単にメモできる袋がある。全部同じ数ずつなら，簡単に言えるよ！

A　まとまりが分かりやすいよう，図のように並べる
J　同じ数ずつで表せるまとまりと，そうでないものがあることに気付く

「工夫して並べている人がいるよ」，「『簡単にメモできるときがある』と言っている人がいるね」と認めて全体に投げかけ，「どのような工夫なのか」，「簡単にメモできるとは，どういうことか」推測させる。

③ サイコロの様子を言葉で説明し、それを簡単に「かけ算」の式で表せることを知る

さて，みんなの袋にはどんなサイコロが入っていたかな？言葉で紹介してみよう

3個が8個です

（「3こ　8こ」と板書して）こういうことかな？

違う！　3個と8個じゃなくて，3個「が」8個！

うんうん！　分かる。3個と3個と3個と……

「3個と3個と……」は大変だから，3個が8個！

K　かけ算の意味を既習と関連付けて理解する

教師は「分からない」という立場で，子どもたちのさらなる説明を引き出す。既習と関連付けて新しい演算を見つけられたことを褒める。

「3個が8個」というのは，「3個ずつ8色分」ということなのですね。これを算数の言葉で，「3 × 8」と表すことができます。このような計算を，かけ算といいます

❻「しこみ」が活かされる場面

●「かけ算」の単元の中で

本時で，子どもたちは「3 × 8」が「8 × 3」とも見られることを経験している。単元の初めにこのような見方を経験することで，九九を構成していく際，「6の段で，6 × 1から6 × 5までは，1 × 6や5 × 6と同じ答えになるはず」と考えられる。また，九九表の学習でも，「ななめ反対側に同じ数が出てくる」理由を，この経験を基に考えられる。

●さらに先の学習で

本時で，子どもたちは正多面体というものが存在することを知り，自らの手で触れるという経験をしている。この時点で子どもたちは意識していなくても，今後の学習（5年生「正多角形と円」，中学1年生「空間図形」など）で「いつかどこかで出会ったな」という感覚をもって意欲的に学びに向かってほしい。

2年 かけ算を使えば，○分の 1 のパズルもつくれるよ［分数］

1 本時のねらい

分数とかけ算を関連付けて捉えることで，分数で表した数は等分した形ではなく等分した大きさを表していることを捉えることができる。

2 本単元でしこむ数学的な見方・考え方

時	主な学習活動	しこみたい数学的な見方・考え方
1	折り紙を半分に折った大きさを比べる。	A　半分を数で表したいな。
2	$\frac{1}{2}$ の学習を基に，$\frac{1}{4}$ や $\frac{1}{8}$ の大きさをつくる。	A　半分の半分も，数で表せるよ。 F　だって，$\frac{1}{4}$ は 4 つに分けた……。
3（本時）	**C　既習事項との違いから，問いを発見する。** **A　マスの数の関係をかけ算で表して，分数を捉え直す。** **H　問題を発展させて考えようとする。**	
4	折り紙でも $\frac{1}{3}$ の大きさがつくれるか考える（15cm の折り紙）。	A　折り紙の辺の長さが分かれば，$\frac{1}{3}$ がつくれるよ。

3「しかけ」と「しこみ」の具体

第 1 ～ 2 時は折り紙を折ったり切ったりした大きさを数値化したいという思いを引き出し，分数の意味を指導している。教科書では「同じ大きさに 2 つに分けた 1 つ分を，もとの大きさの 2 分の 1 といい，$\frac{1}{2}$ と書きます」とまとめている。子どもは，この「大きさ」という言葉を「形が同じ（合同）」と捉えている。また，半分が $\frac{1}{2}$，半分の半分が $\frac{1}{4}$ など，操作のイメージを強くもっている。

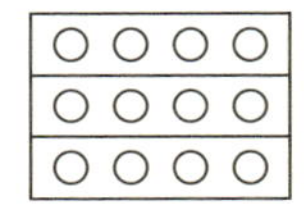

小学校学習指導要領（平成 29 年告示）から，$\frac{1}{3}$ を 2 年生で扱うことになった。解説算数編（p.107）には，12 このおはじきの例が載った。右の図だと「12 個の $\frac{1}{3}$ は 4 個」と見ることができることが示されている。連続量の折り紙やテープではなく，分離量のおはじきで，基の大きさと分けた大きさの関係を分数で表している。$\frac{1}{3}$ であることは学習できるが，分けられた大きさを，形でなく数で捉える必要性がなく，数の関係で見るのは特に難しい。

そこで本時の教材として，連続量と分離量の両方の側面をもった「パズル」を素材にした。「形はちがっても同じ分数で表してもよいのか？」という問いに焦点化する。その際，既習事項である「かけ算」を頼りに，全体と部分の関係を数や式で捉え表現しようとする姿を価値付けていく。分数を分割から割合的な見方で捉える素地を養いたい。

④ 板書計画

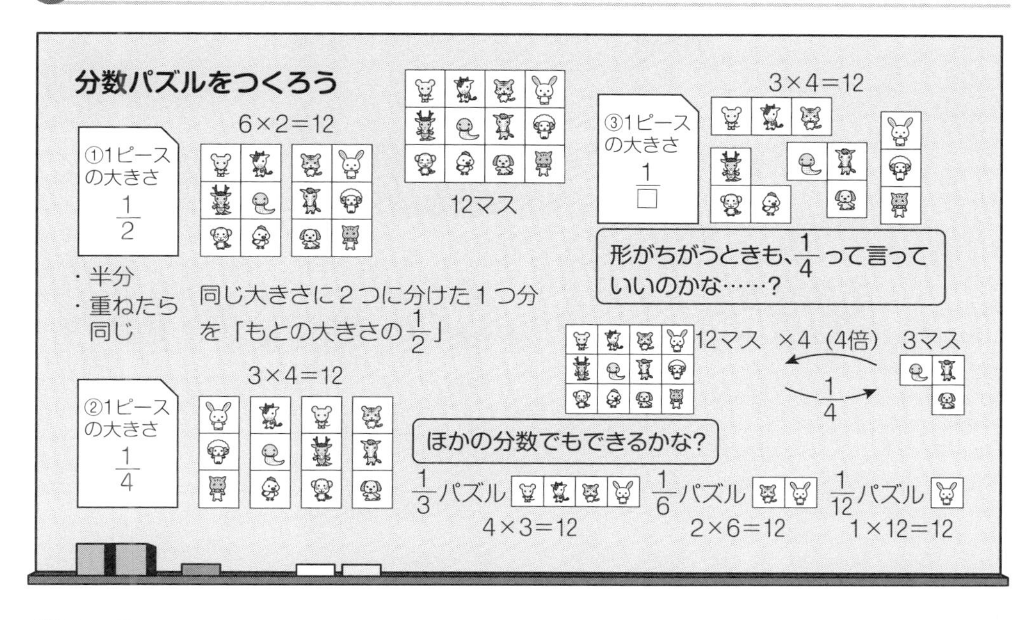

⑤ 授業の流れ

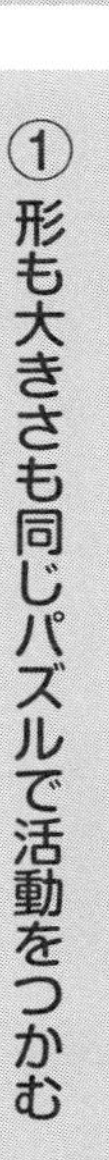

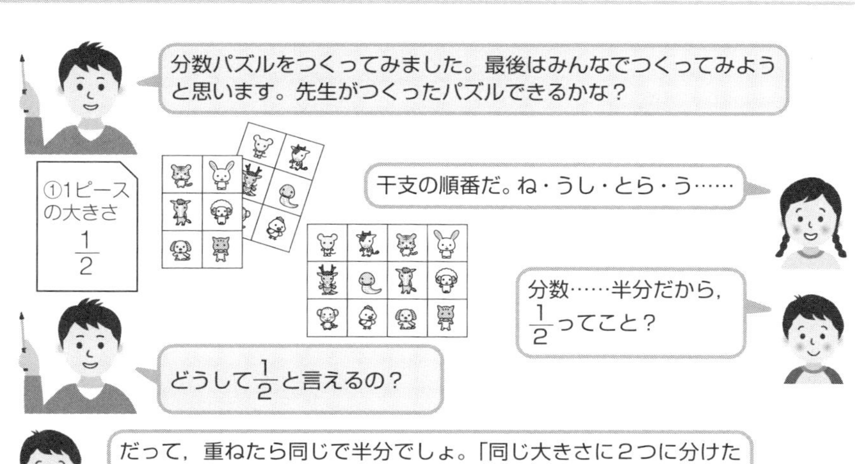

だって，重ねたら同じで半分でしょ。「同じ大きさに2つに分けた1つ分を基の大きさの$\frac{1}{2}$」といったから……

「同じ大きさに2つに分けた1つ分をもとの大きさの$\frac{1}{2}$」と1・2時で教えた意味を板書する。そして，封筒に「$\frac{1}{2}$」と書く。

② 形が違うパズルに疑問・問いをもつ

さっきと同じ4ピースだけど，形が違うね

形が違うときも，$\frac{1}{4}$って言っていいのかな？

C 既習事項との違いをつかみ，問いを発見する

「なるほど。『$\frac{1}{4}$って言っていいのかな？』って気持ち分かる？」とペアトークをさせ共感を促す。既習との違いをつかみ，ズレを全員に共感させることで一人の問いを広げ，全体の問い（めあて）として板書する。

③ 分数の意味を形から数の大きさへ捉え直す

$\frac{1}{4}$とは言えません。重なりません

でも，マスの数はどれも3マスで同じです

なるほど，マスの数に注目したんですね。前の2つはどうですか？

前の2つと比べてみると……。$\frac{1}{2}$パズルは6マスと6マス。$\frac{1}{4}$パズルは3マスが4つです

「$\frac{1}{4}$パズルは3マスが4つ」ということは，かけ算でできないかな？3つのパズルどれも式で表せそうですね

$\frac{1}{2}$パズルは，6 × 2＝12
（1つのピースが6マスで，2つで12マスになる）

A マスの数の関係をかけ算で表して，分数を捉え直す

基の大きさの$\frac{1}{2}$という見方から，1ピースのマス目の数を基準に見ると2倍の見方になる。この関係は難しいが，焦点化して解釈させる。「すごいね。かけ算で表せた。②と③の$\frac{1}{4}$パズルでも同じようにかけ算の式に表せない？」と全員に考えさせる。

④ オリジナルの○分の1パズルをつくる

③$\frac{1}{4}$パズルも形は違うけれど，大きさは同じなんだね。
3 × 4＝12
12マスの$\frac{1}{4}$は3マスです

②$\frac{1}{4}$パズルは
3 × 4＝12
12マスの$\frac{1}{4}$は3マスです

かけ算で表せたね。分数の意味は，「同じ形ではなく同じ大きさに分けた」です。だから，基の大きさの$\frac{1}{4}$と言えます。では，みんなもオリジナルの分数パズルをつくれるかな？

他の分数でもいいのかな？　かけ算を使えば，$\frac{1}{3}$パズルもつくれそうです。だって……

H　問題を発展させて考えようとする

「本当？　○○くんは，違う大きさの分数パズルもつくれそうだって！　できるかな？」と気付きを広げ，新たな問題発見，算数を広げようとする姿を教師が楽しむ。

$\frac{1}{3}$パズルができたよ。
4マス × 3＝12マス
12マスの$\frac{1}{3}$は4マスになります

$\frac{1}{6}$パズルもできました

分数とかけ算って似ています

❻「しこみ」が活かされる場面

本時は，割合の考えの素地的な学習である。「基準量A×割合p＝比較量B」であり，Bを基にすると，Bの$\frac{1}{p}$がAとなる。これは3・4年生の倍や簡単な割合の学習にもつながる。基準とする量Aを1と見るだけでなく，基準とする量をBに変えて，比較量との関係を乗法や分数で表す学習を入れたい。このような数学的な見方・考え方が，5年生で困難とされる「割合」の理解につながっていく。

2年 すべて答えだよ！ だって……［はこの形］

1 本時のねらい

箱を組み立てることを通して，同じ長さの辺や向かい合う面の特徴や関係を捉え，箱の形についての理解を深めることができる。

2 本単元でしこむ数学的な見方・考え方

時	主な学習活動	しこみたい数学的な見方・考え方
1～2	・箱の作り方について考える。 ・用語「面」を知る。 ・紙に写し取った箱の面の形や数を調べる。	I　同じ形が2枚ずつあるね。
3	・写し取った面の形を切り取り，つなぎ合わせ方を考える。	I　どんな大きさの箱も面が同じ長さの辺どうしでつながっている。 I　向かい合う面が同じ形だ。
4（本時）	**C　箱の形にならない場合があることに気付く。 H　最後の一面を向かい合うように置くとき，複数の置き方があるが，すべて同じ考え方だと統合的に物事を捉える。**	
5～6	・箱の形の骨格模型を作るために必要な粘土玉の数とひごの長さや本数を調べる。 ・問題を解き，習熟を図る。	I　同じ長さのひごが4本ずつになっている。

3「しかけ」と「しこみ」の具体

本時では，いろいろな大きさの長方形や正方形の色画用紙の中から5枚選択してふたのない箱を作る活動の設定がしかけである。一辺は同じ長さだが，もう一辺は違う長さの長方形や正方形の色画用紙6種類の中から自分たちでいろいろな大きさの長方形や正方形を5枚選択し，つなぎ，ふたのない箱を作り上げていく。そして，ふたを付けて箱を完成させようとしたときに，最後の一面をどこにつなげるかが問題になる。このとき，「向かい合う面と面は同じ形であること」，「隣り合う辺の長さは同じであること」という既習事項を活用して取り組めるかがねらいである。そして，この活動を通して，最後の一面のつなげる場所は他のつなげ方があり，1か所ではないことに気付く。この見方・考え方は「発展的・類比的」に考えることにつながっている。このような体験こそが，4年生の「直方体と立方体」の学習時の展開図をかく学習の素地になると考える。

④ 板書計画

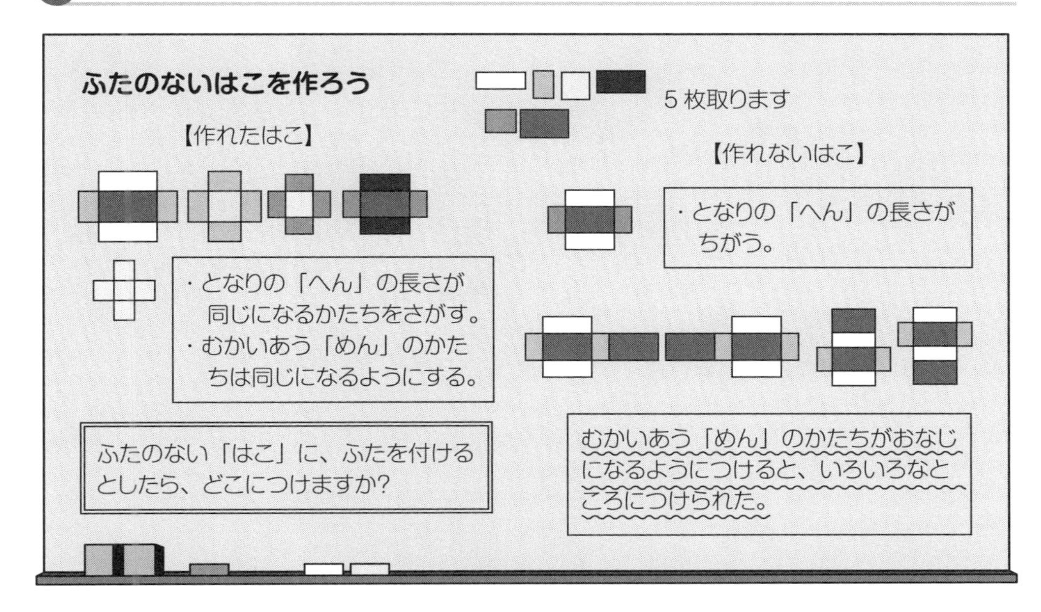

⑤ 授業の流れ

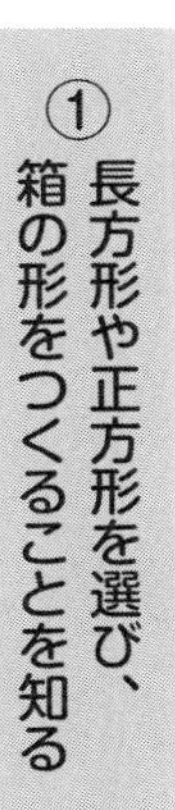

長方形や正方形を使って，ふたのない箱を作ろう

ふたのない箱？

どの形を使って箱を作ろうかな？

この画用紙から５枚選んでくださいね

② ふたのない箱を作る

この辺とこの辺は同じ長さになるからつなげても大丈夫

面の形は同じかな？

辺の長さが同じだから，ふたのない箱の形が作れると思ったのに，もう１つの辺の長さが違うから作れない

③ 箱の形を作ることができる場合とできない場合を考える

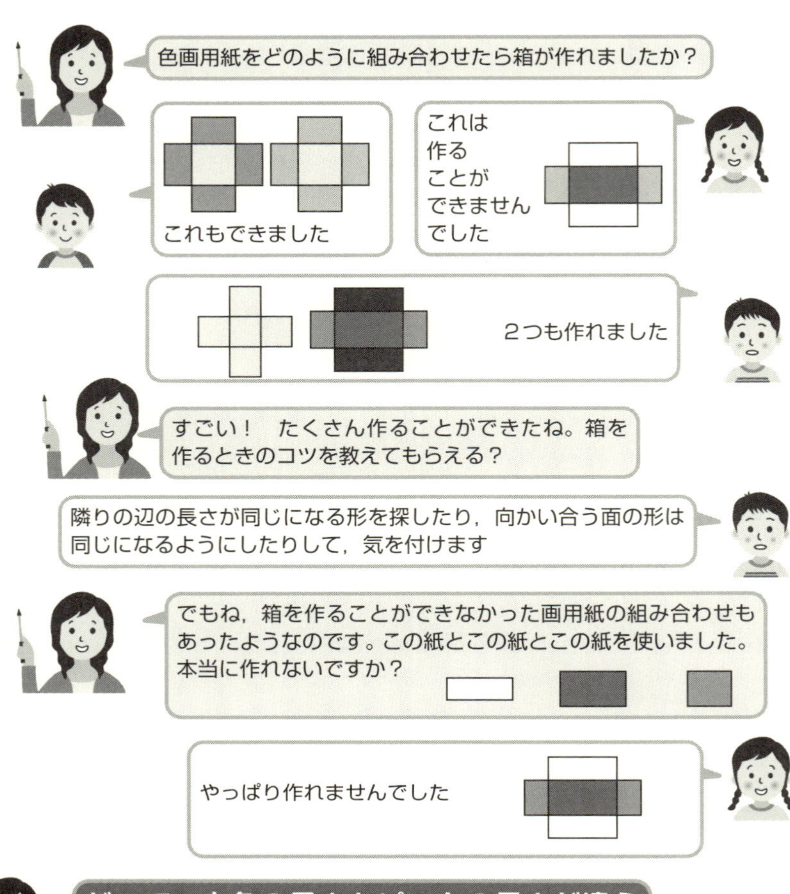

だって，赤色の長さとピンクの長さが違うから，いくら同じ形の面を２枚ずつ使っても箱は作れないよ

C 箱の形にならない場合があることに気付く

隣り合う辺の長さが同じでも，組み立てるときにつながる辺の長さも同じでないと組み立てることができないことに気付けたことを称賛する。

この後，箱を作ることができるのはどういうときで，作れないのはどういうときか確認した。

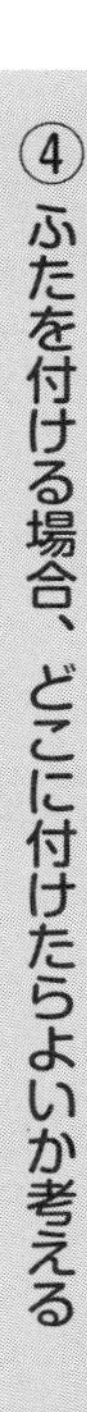

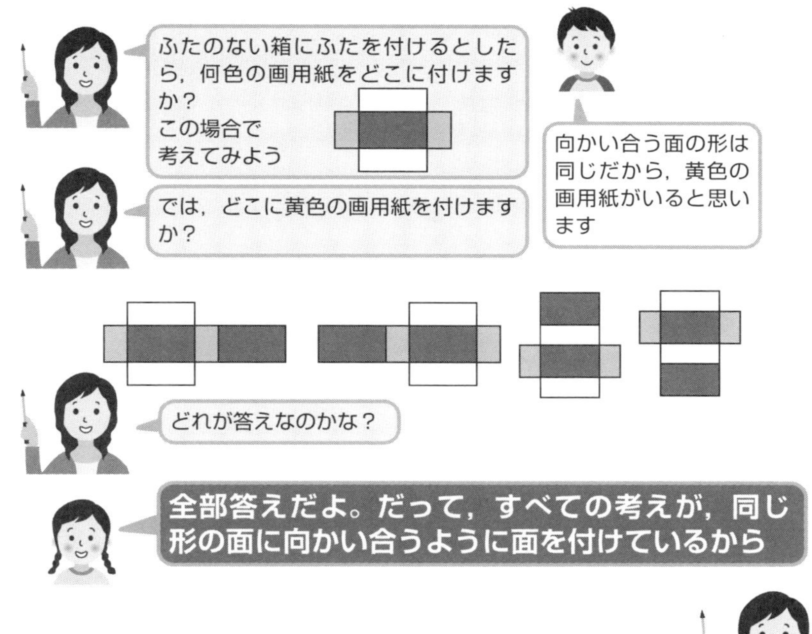

H　統合的に物事を捉える

「向かい合う面と面は同じ形である」という既習事項を活用して，すべての考えが同じであることに気付けたことを称賛する。

この後，最後に付ける面は1つの方法だけではなく，複数あるということを確認した。

6「しこみ」が活かされる場面

本時の内容について，第4学年でも学習する機会がある。このときは「はこ」という言葉ではなく，「直方体」，「立方体」という言葉を習得する。2年時では，どういう場合は箱の形ができて，どういう場合は箱の形ができないのか，さらに，ふたを付ける場合はどこに付けると箱を作ることができるのか，展開図を用いて学習を進める。そうすることで，「辺の長さ」や「面の形」を意識することにつながり，4年生の学習の展開図をかくときに活かすことができる。

2年 比べづらい！ ［時刻と時間］

1 本時のねらい

「1時間＝60分」の関係を使って，単位換算をすることができるようにすることができる。

2 本単元でしこむ数学的な見方・考え方

時	主な学習活動	しこみたい数学的な見方・考え方
1	「時刻」と「時間」の意味や，時，分の関係を知る。	F　だって，数の線に表すとね……。
2（本時）	**C　出会った場面から，問題を発見する。 J　表し方を整理する。 K　既習の学習と関連付ける。**	
3	「午前」，「午後」の意味や，日，時の関係を理解する。	K　1日も，「長さ」の学習と同じで，24時間でまとめられるんだね。

3「しかけ」と「しこみ」の具体

本時でしこみたい数学的な見方・考え方は，学習の中で出会った場面に対して問題を見つけること，時刻と時間の学習において既習の長さの学習と関連付けて考えることである。学習の中で出会った場面とは，本時ではゲームの中で結果を比べる場面である。既習の長さの学習と関連付けて考えることとは，「時間」と「分」の2つの単位を使って時間を表すことと，「m」と「cm」の2つの単位を使って長さを表すことを関連付けることである。

本時では，子どもが場面から問題を発見するために，子どもたちの中で「分かりづらい」と感じる場面を意図的につくり出すゲームを教材とするしかけを設定した。ゲームでやり取りするカードを，1時間と10分の2種類用意することで，並べた際にそのまま読むと2時間80分などのズレが生まれる。このことが，子どもたちの「比べづらい！」と問題発見する姿を引き出すことになる。

本時の実践例では，「両替」という言葉で表現されているが，「10分カード6枚を1時間のカード1枚に置き換える」という発想は，既習の長さの学習では「10mmを1cmに置き換える」，数の学習で「1が10個で10になる」などで使われてきた考え方である。子どもたちから，「長さのときと同じだ！」，「筆算のときと同じだ！」といった言葉が聞こえてこなければ，「これまでの勉強でも同じようなことをしたことがあったかな？」と教師が促し，既習とのつながりを振り返る習慣を身に付けていくよう指導を積み上げていく。

また，授業の終末として，再度同じゲームに取り組む。その際に，みんなで学習したことを念頭に置き，10を6枚ずつ束ねておくなどの工夫をしている姿を取り上げることで，その時間に引き出された子どもたちにしこみたい姿をより強く印象付けていく。

❹ 板書計画

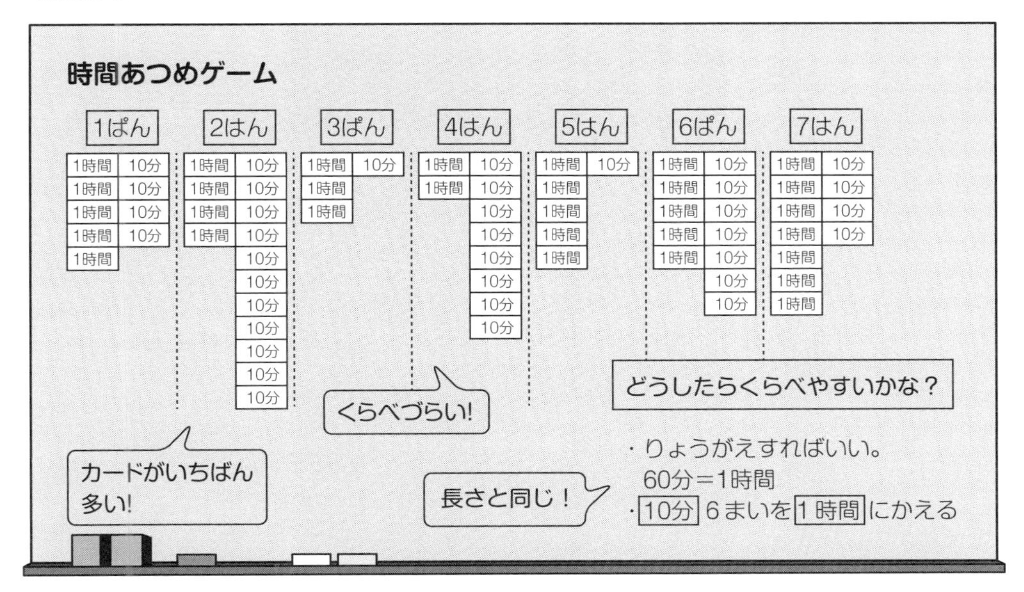

❺ 授業の流れ

① ゲームに取り組む

今日は，「時間集めゲーム」をみんなでしましょう

【時間集めゲーム】

〇１人につき「１時間カード」を１枚，「10分カード」を３枚持つ。
〇違う班の友達とじゃんけんをし，勝った人がカードを１枚もらうことができる。
　※ババ抜きと同じように，カードが見えない状態で１枚引く。
〇班ごとに持っているカードの時間の合計を得点にする。

② ゲームの結果を整理する

ゲームに取り組み，グループごとに結果を集計する。

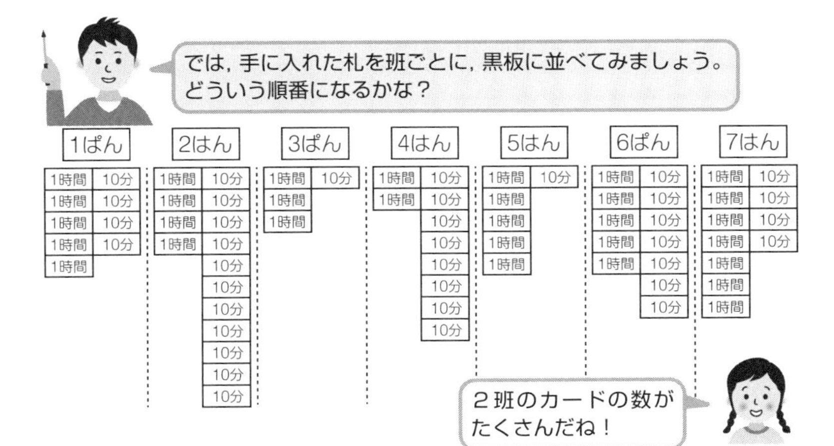

③ 時間を比べやすくする方法を考える

2班のカードが一番多いですね。では，2班が優勝ですね？

そんなことないよ！
先生，このままだと比べづらい！

C　出会った場面から，問題を発見する

「何がおかしいの？」，「どうして比べづらいの？」，「『比べづらい』ってどういうことか分かるかな？」と全体で取り上げ，発見した問題点を確認させる。「くらべづらい」と板書し，改めて発見した問題を全体に問い返す。

1時間のカードと，10分のカードがあるから分かりづらいです

カードの数じゃなくて，時間で比べないとだめです！

どうしたら比べやすくなるのでしょうか？

両替すればいいよ！

J　表し方を整理する

単位という子どもの言葉を取り上げ，「それはどういうこと？」と全体に取り上げることで価値付ける。「60分を1時間に直す」など，子ども同士の説明で確認し，「とってもいい算数の考えだね！」と褒める。

長さの勉強と同じで……

「何時間何分」にしたほうが分かりやすいです

L　既習と関連付ける

「10mmと1cmのときみたいに」と，長さのときの学習と同じ考え方であることに気付いたり，「両替」の意味を説明する際に，長さと関連付けて説明をしたりしている姿を取り上げ，「前の学習と同じところを見つけたなんてすごいね！」と褒め，価値付ける。

④ ゲームの結果を比べる

1時間 10分	1時間 10分	1時間 10分	1時間 10分	1時間 10分	1時間 10分	1時間 10分
1時間 10分	1時間 10分	1時間	1時間 10分	1時間	1時間	1時間 10分
1時間 10分	1時間 10分	1時間	1時間	1時間	1時間	1時間 10分
1時間 10分	1時間 10分			1時間	1時間	1時間 10分
1時間	1時間 10分			1時間	1時間	1時間
					1時間	1時間
						1時間

⑤ 2回目のゲームに取り組む

6「しこみ」が活かされる場面

●問題発見する

子どもが問題発見をするためには，子どもたちが「おかしい」，「変だよ！」と感じる場面を意図的に，繰り返し体験させていくことが大切である。繰り返し価値付けられることで，続く学習の中で「分かりづらいな」，「こうしたらいいのにな」と進んで問題発見しようとする力を育てる。

●既習と関連付ける，表し方を整理する

測定領域の学習では，2年生で長い長さ，3年生で重さの学習に取り組む。本時で「単位を揃えて考えることは，長さの学習と同じだ！」と気付いたことを価値付けることで，「長い長さ」や「重さ」の学習の際にも，「長さや時間のときと同じように，単位を統一したほうが比べやすい」とよりスムーズに考えることができる。

また，「筆算のときに，一（十）の位に数字が10集まったら，1つ上の位と交換する」ということと「同じだ（似ている）」と関連付ける子どもが現れ，それを価値付ければ，仮分数を帯分数に直すことを学ぶ際などにも，本時で学習したこととつなげて考えることができるようになる。

3年 ○○を忘れても，きまりを使って習った段をすればいい［九九を見直そう］

1 本時のねらい

乗数と積の変化の関係や乗法の交換法則，乗法の分配法則などを使って計算の仕方を考え説明したり，アレイ図などを使って解釈したりすることができる。

2 本単元でしこむ数学的な見方・考え方

時	主な学習活動	しこみたい数学的な見方・考え方
1～3 (本時)	**E　使ったきまりや性質を明らかにして説明する。 H　条件を変えて，発展的に考える。 G　共通する見方・考え方を振り返る。**	
4～6	・12 × 4 など 10 を超える場合でも，乗法に関して成り立つきまりや性質を用いて答えを求める。 ・「a ×□＝ b」「□× a ＝ b」の□に当てはまる数を九九で求める。	E　10 をこえるかけ算も，分ければ九九の計算にできるね。 H　もっと大きい数のかけ算も，分ければ九九で計算できるのかな？
7～8	0 の場合の乗法を，きまりや性質を用いて考え説明する。	E　かけ算のきまりを使えば，どんな九九の計算も説明できるね。

3「しかけ」と「しこみ」の具体

本単元の内容は，一度２年生で学習している。改めて３年生に入っている意図は，かけ算の性質やきまりを使って考え解釈したり説明したりするという，根拠を明らかにして考えていることを子どもが自覚するためである。そのため，教師は，性質やきまりを根拠や理由にして考え説明する姿を価値付けていく。性質やきまりを使えば，九九より大きい数のかけ算も計算できそうだという見通しを，単元を通じてもたせたい。このしこみが「かけ算の筆算」の学習につながり，大きい数でも分けて九九すれば計算できるという数学的な見方・考え方（分配法則のきまりを使って）を働かせることにつながる。

本時では，「7 × 4 を求めるとき，＜　　＞を忘れてしまう」という問題場面である。何を根拠に考えているか，話し合う過程を重視する。さらに＜　＞の条件を子どもと変えていき，新たな問題が生まれ，解決していく展開である。

4 板書計画（第３時）

2年生のひでみくんは、7×4を求めるとき
7の段も　4の段も わすれてしまいました。

じゃあ、もっと大きい数のかけ算もできるかな？　例えば 10×4

○入れかえるきまり
7×4=4×7　←4の段は ×

○7の段の数を足す、引くきまり
7×3+7　←7の段は ×
7×5−7　←7の段は ×

○分けて、たす　きまり
7×2=14　←7の段は ×
＋ 7×2=14　←7の段は ×
7×4=28

○かけ算は、たし算
7×4=7+7+7+7=28

○分けて、たす　きまり　→ 図にすると
5×4=20　←5の段は○
＋ 2×4= 8　←2の段は○
7×4=28

○分けて、ひく　きまり
9×4=36　←9の段は○
− 2×4= 8　←2の段は○
7×4=28

5×4
○○○○
○○○○
○○○○
○○○○
○○○○
2×4
○○○○
○○○○

きまりを使って、今までにならったかけ算にかえれば計算できる。

5 授業の流れ

① 「7×4」を、性質を使って答えを求める

「2年生のひでみくんは，7 × 4を求めるとき 答え をわすれてしまいました」。どうやって考えればいいかな？

自力解決の時間を取る。

7 × 4はできなくても，4 × 7＝28 で計算できます

どうしてそうしようと思ったの？

だって，かける数とかけられる数を入れ替えて計算すれば答えは同じだから，4 × 7＝28 なら7 × 4＝28

E 根拠を明らかにして説明する

「今の説明と同じことが言えるかな？」と全員に復唱させ，様子を観察し，「『かけられる数とかける数を入れ替えても答えが同じ』というきまりを使って考えたんだね」と，根拠を板書して意識させる。

② 根拠を明らかにして、解釈したり説明したりする

今のきまりが成り立つ理由を，図で説明できるかな？

言葉だけでなく，図できまりの意味を解釈させる。黒板にはアレイ図の画用紙を貼り，同じ図をノートに書かせる。

7 × 4は，縦の7を1つ分の数と見ていて，4 × 7は，横を1つ分と見ています

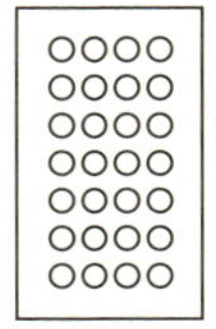

画用紙の向きを変えると，4 × 7になります

式を図にすると，きまりの意味がはっきりするね

他には，7 × 3＝21　21＋7＝28 でもいいです

つまり，7 × 4＝7 × 3＋7です

7 × 3 に 7 をたしています

7 × 4の他に，別のかけ算を忘れても考えられるかな？

③ 条件を変えて考える

「7 × 3も忘れたら……」にしたらどうなるかな？

H　条件を変えて，発展的に考える

条件を変えて，新たな問題を考える経験を培うことで，発展的に考える姿を育てていきたい。子どもがつくった問題をまず教師が面白がって，全体の問題として取り上げる。

2年生のひでみくんは、7×4を求めるとき
7×4も　7×3も　わすれてしまいました。

7 × 3＋7は使えない。でも，入れ替えて4 × 7＝28 は使えるね

きまりを使って考えられているね

7 × 2と7 × 2でもできるかな？

7 × 5－7でもできます

本時の振り返りに，どんな問題にしたら考えられるかを書かせてもよい。次の時間に，「○○さんがつくった問題だよ」と始める。

2年生のひでみくんは、7×4を求めるとき
7×4も　7×3も　わすれてしまいました。

④ 共通点を考え、見方・考え方を明らかにする

入れ替えるきまりは使えないね

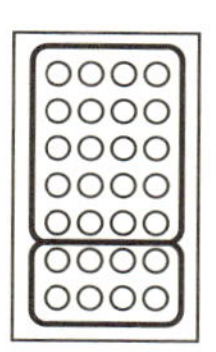

5×4と2×4に分けてたすと……

それを図にすると……

3時間，「○○を忘れたとき」を考えてきました。いろいろな考えの中に共通していたことはなんでしょう？

「○○」を忘れても，きまりを使って，今までに習ったかけ算に変えれば計算できるね

G 共通する見方・考え方を振り返る

どれもきまりを使って，既習のかけ算九九にして考えたことに気付かせる。どんなきまりがあったかをまとめ，きまりを使えば答えの分からないかけ算も求めることができたことを，数時間の思考のストーリーを振り返らせて褒める。

6 「しこみ」が活かされる場面

本単元でしこむ見方･考え方は，きまりや性質を使うと今まで習った九九の計算になる，という根拠を基に考えることである。特に分配法則のきまりは，12 × 4 などの九九を超える計算を考える学習につながる。また，0の入ったかけ算でも，「きまりを使って0になることを説明できないかな？」と問いかけて，0 × 4 = 2 × 4 − 2 × 4 など，「分けて足したり引いたりするきまりを使うと，習った九九で説明できる」と既習を根拠に考え説明する活動を入れたい。

そうした単元を通したしこみが「かけ算の筆算」で活かされる。例えば「23 × 3」の計算を「(10 × 3) + (10 × 3) + (3 × 3)」と分けて，考え方を図で説明したり，どんなきまりを使って考えたのか根拠を明らかにして説明したりするようになる。

3年 1ペースをもとにすれば いいんだ！［分数］

1 本時のねらい

はしたの表し方を考え，1ペースを基にすると分数で長さを表せることを理解することができる。

2 本単元でしこむ数学的な見方・考え方

時	主な学習活動	しこみたい数学的な見方・考え方
1（本時）	C　はしたの表し方を考えればよいと気付く。 K　基の半分は $\frac{1}{2}$ と表していたことと結び付けて考える。 J　できる方法とできない方法を整理して，正しい方法を選択する。 E　$\frac{1}{8}$ ペースは1ペースを基にしてつくることを説明する。	
2～4	はしたの大きさを分数で表す。	E　分母は何等分したかで，分子はそれがいくつあるかだよ。
5～6	分数の大きさを比べる。	E　$\frac{1}{□}$がいくつあるかで比べたらいいんだから，こっちのほうが大きいよ。
7	$\frac{1}{□}$と $1\frac{1}{□}$m の違いを考える。	D　なぜ長さが違うのだろう？
8	分数と小数の関係を考える。	D　なぜ同じ大きさなのだろう？
9～11	分数のたし算とひき算の仕方を理解する。	K　$\frac{1}{□}$がいくつあるかで計算したらいい。

3「しかけ」と「しこみ」の具体

はしたの表し方を学習するに当たって，本実践では分数から導入を図ることとした。1m のはしたを表そうとすると，下位単位である cm を使って表そうとするのが自然であり，分数を使って考えさせようとすると，どうしても誘導的になりがちである。そこで，子どもにとって未知の単位である「ペース」を用いることにした。そうすることで，1ペースをよりも短いはしたの部分を表すために，分数を使う必要性が生まれる。長さという量においても分数を使って表すことができると，子ども自身が気付くことになる。

新しい小学校学習指導要領（平成29年告示）の解説算数編にも例示されているように，3年生の子どもの多くが$\frac{1}{□}$と$\frac{1}{□}$m を区別できず，混同してしまっている。これは，2年生で学習している分割分数での経験が1つの原因として考えられる。そこで本実践では，2年生のときと同じように1ペースを半分に折って $\frac{1}{2}$ ペース，さらに半分に折って $\frac{1}{4}$ ペースを確かめる体験と，はしたを1ペースに重ねて印を付けていき $\frac{1}{3}$ ペースを確かめる体験ができるようした。さらに，学習の振り返りとして $\frac{1}{8}$ ペースづくりをする。1ペースを基にしないと長さの違う $\frac{1}{8}$ ペースができてしまうことから，学習したことを根拠として考えようとする態度をしこむことができる。最後に，これまでの分数との違いについてまとめることで，分割分数と量分数の違いについて理解を深めることができる。

④ 板書計画

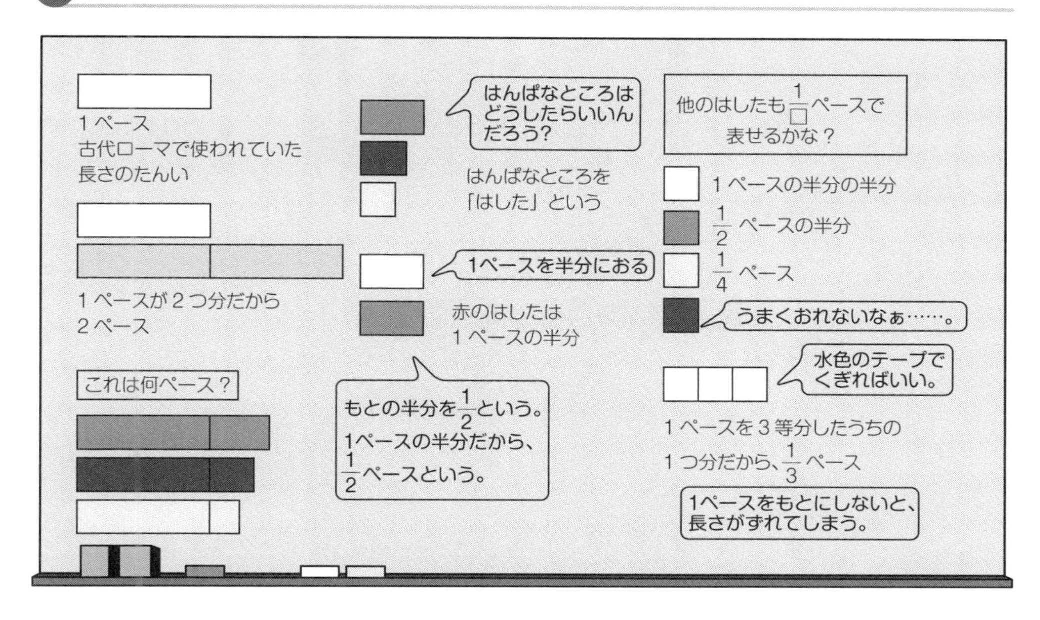

⑤ 授業の流れ

① 問題をつかむ

この白いテープの長さを1ペースと言います。ペースというのは，古代ローマで使われていた長さの単位です。この長さだと何ペースだと思いますか？

1ペースを重ねて印を付けると，2つ分あるので，2ペースです

テープを黒板に掲示する際，白のテープと離れたところに掲示し，子どもが自分から動かしたり重ねたりしようとする姿を引き出す。

1ペースを基にすると，他の長さも分かりそうですね。このテープではどうですか？

($1\frac{1}{2}$ペース)

1ペースと2ペースの間ぐらいかな？

($1\frac{1}{3}$ペース)

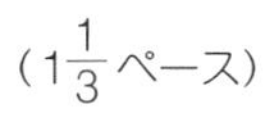

($1\frac{1}{4}$ペース)

半端な部分はどうしたらいいのかな？

しこみチャンス

C はしたの表し方を考えればよいと気付く

「半端な部分ってどこ？」,「○○さんの言っていることが分かる人？」。子どもに説明させて，はしたの部分を切り取り，黒板に掲示する。

② はしたの表し方を考え、意見を交流する

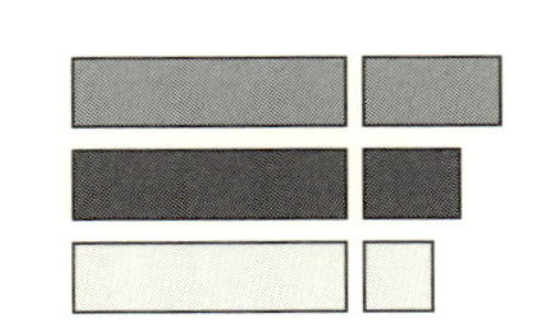

赤のテープの切り取った部分は，1ペースの半分ぐらいかな？

中途半端なところを「はした」といいいます。赤のテープのはしたが，1ペースの半分と言っている人がいますが，本当ですか？

半分に折って重ねてみると，ぴったり重なるので半分です

半分は $\frac{1}{2}$ だから，$\frac{1}{2}$ ペースと言えばいいんじゃないかな？

K 基の半分は $\frac{1}{2}$ と表していたことと結び付けて考える

「基になるものの半分は $\frac{1}{2}$ と表すこともできたね」，「1ペースの半分だから，$\frac{1}{2}$ ペースと表せるね」，「2年生の学習をうまく活かせたね」と価値付け板書する。

他のテープはどう表せるでしょうか？

赤のはしたの半分だから，$\frac{1}{4}$ ペースとも言えるね

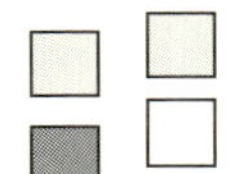

緑のテープのはしたは，1ペースの半分の半分だったから，$\frac{1}{4}$ ペースです

青のテープのはしたに合うように，白のテープを折るのが難しいな……

重ねて印を付けていく方法だと3つ分だから，$\frac{1}{3}$ ペースだよ

J できる方法とできない方法を整理し，正しい方法を選択する

「他の方法を考えたんだね。すごいね」と言って褒め，全員に手元のテープを使って，同じ操作をさせる。

③ $\frac{1}{8}$ペースづくりを通して、学習内容を振り返る

はしたの長さ$\frac{1}{\square}$をペースと表すことができました。では，いろいろな長さのテープを配るので，自分で$\frac{1}{8}$ペースをつくってみましょう

$\frac{1}{8}$ペースだから，テープの半分の半分の半分……

テープの長さが違うな

1ペースの長さに切ってからつくらないといけないんだ。だって，1ペースが基になるんだから

E $\frac{1}{8}$ペースは1ペースを基にしてつくることを説明する

「○○くんの言っていることは分かる？」，「1ペースを基にしないとどうなるの？」と問いかけ，根拠を明らかにした上で板書する。

これまで習った分数だと，$\frac{1}{8}$にはいろんな$\frac{1}{8}$がありました。今日の学習の分数と何が違うのでしょう？

これまでの$\frac{1}{8}$は基の大きさがいろいろあったけど，$\frac{1}{8}$ペースの場合は，1ペースが基になっている

分数にペースがついているところ。こういうときは，1ペースを基にして考えないといけない

6「しこみ」が活かされる場面

本実践ではペースという単位を使って分数の導入を図っているため，次時に，「普段使っている m などの単位でも量分数の考え方を使うことができる」と拡張する必要がある。「ペースのときにできたんだから，m でも同じじゃないか」や「ペースも m もどちらも長さの単位なんだから，同じように分数にできるはずだ」といった考え方ができれば，量分数の理解を深めることにつながる。

3年 図を重ねると，両方食べた人数がはっきりするね［□を使った式］

1 本時のねらい

問題場面から数量の関係を捉えて，式やテープ図を使って問題解決し，図に表すよさに気付くことができる。

2 本単元でしこむ数学的な見方・考え方

時	主な学習活動	しこみたい数学的な見方・考え方
1～2	・未知数を□を用いて，式に表したり読み取ったりする。 ・□に当てはまる調べ方を理解する。	A　問題を図に表すと，場面が分かりやすくなるね。
3（本時）	**A　図に表したり操作したりして，問題場面を整理する。 B　図を読んで，式に表す。**	
4	□を用いた式を読み取り，具体的な場面に表すことができる。	A　□を使うと，お話通りに式が表せて，便利だね。

3「しかけ」と「しこみ」の具体

子どもは「図に表すよさ」を感じているだろうか？　2年「たし算とひき算」や本単元「□を使った式」では，意識したい問いである。問題文を読んで数量関係を捉えられる子どもは，図にかく必要もなく式を立てることができる。一方，数量関係が捉えられず，図にも式にも表せない子どももいる。学級の中にこうした差があることを前提に，子どもが図に表して考える活動を考えたい。

図は，考えるために使う場合と説明するために使う場合がある。まずは説明する場面で，図に表す過程や表された意味を読み取っていく活動を大事にしたい。そのときの教師が，分かったつもりの子どもになって問い返したり，「あ！」，「なるほど！」などつぶやいた子どもを見取って言葉にさせたりするなどして，図に表すよさを言語化していく。

一方，考えるために図を使うよさは，求答式がすぐには見いだせず，関係式が生まれる場面を構想したい。□を使って図を表すと，式に表したり読んだりするのが容易になるよさを感じさせたい。本時は「大ふくを食べた子は 16 人，ケーキを食べた子は 18 人です。両方食べられた子は？」という場面である。全体の人数によって両方食べられた人数は変わる。右のテープ図のように，2 つの量の重なり部分の□が両方食べた子になる。テープ図から数量の関係を読み，式を表したり式を読んだりする活動を通して，図のよさに気付かせていく。

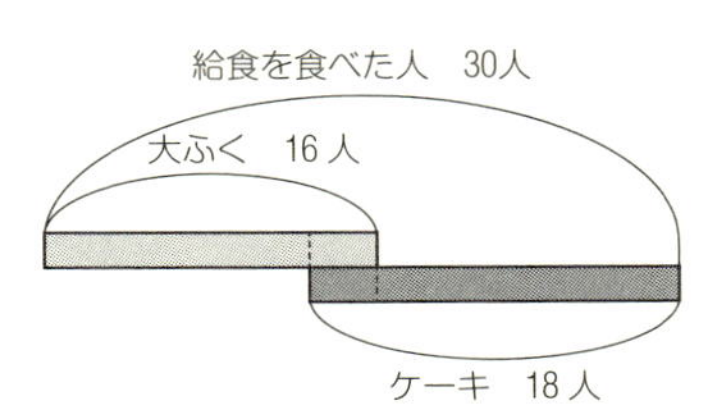

④ 板書計画

セレクトきゅう食でした。
大ふくを食べた子は16人、
ケーキを食べた子は18人です。
両方食べられた子は何人でしょう。

クラスには何人いるのかな？
35人はない　だって、16＋18＝34

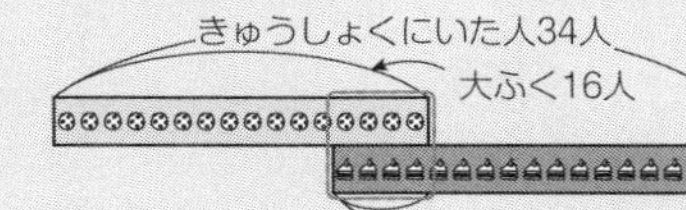

図に表すと、場面がはっきりするし、式にも表せる

① 34人だとすると……

きゅうしょくにいた人34人
大ふく16人　ケーキ18人

16＋18＝34

② 30人だとすると……　図をかさねると

きゅうしょくにいた人34人
大ふく16人
りょうほう食べた□人
ケーキ18人

16＋18－□＝30　☆図と式をむすびつける
□＝4　4人

⑤ 授業の流れ

① 問題場面をつかみ、図に表したい思いを共有する

「セレクトきゅう食でした。大ふくを食べた子は16人，
ケーキを食べた子は18人です。
両方食べられた子は何人でしょう」

条件不足の問題提示である。クラスの人数やその日に給食を食べた子どもが何人いたのかを押さえていく。

お休みがいたのかな？

３年２組は34人だけど……，
両方食べられた子がいるの？

まずは，お話をテープ図にしてみたいです

A 図に表して，問題場面を整理する

条件不足の内容に気付いたことや，図に整理して考えようとする意見を取り上げる。その際，「どうして図にしようと思ったの？」と問い返すことで，整理したいという目的意識を引き出し，本時の問い（めあて）として共有する。

たしかに，その日給食に何人いたのかが，はっきりしていませんね。問題を整理するために，テープ図を使って考えてみましょう

重なりをつかみやすいように提示するテープ図は，中に絵（アレイ図でもよい）が入ったものを示す。自力解決で，子どもたちがテープ図をかく際は，中の絵をかいていなくてもよい。子どもたちが給食にいた人数を決められない場合は，先に極端な例を出しておくとよい。

例えば，給食のときにいた人が 35 人だったら……？

それじゃ，食べていない子がいるよ！だって，18＋16＝34 です

給食のときにいた人が 34 人だったら，両方食べた子はいないことになります

今の意見を，図で説明できるかな？

きゅうしょくにいた人34人

大ふく16人　ケーキ18人

その日は，30 人いたとして考えてみようか。両方食べた人数を□にすると，どんな図になる？

33 人だとすると…… 1 人は両方食べられるのかな？

そうしたら，両方食べた子がいます

テープ図で説明すると……（前に出て動かそうとする）

A　図を操作して，問題場面を整理する

前に出てテープ図を動かそうとする姿を止めて注目させる。そして，「面白いね。〇〇くんはテープを動かそうとしているよ。どうやって動かすのかな？　予想をお隣りと話してごらん」と操作しようとする姿を褒め，予想をペアで話させる。その後，テープ図を動かさせる。

あー！　なるほど！

左右から重ねたら，下にずらしてあげるとよい。

きゅうしょくにいた人数30人

大ふく16人（こ）

りょうほう食べた□人

ケーキ18人（こ）

つまり，両方食べた子は，□人は，図で言うと，重なっている部分です

③テープ図を式で表す

図を式にすると……16＋18－□＝30……☆
（16＋18－30＝4……※）

B　図を読んで，式に表す

□の答えを求める※の式はかけても，図の関係を表した☆の式は難しい。意見が出たら，「なるほど！　図をそのまま式に表しているね。図と式と比べながら説明できるかな？」と褒めて，前の図と比較させて式を読ませる。もし子どもが☆の式を出せなければ教師から出し，式を読む活動にする。

ケーキと大福の数を足して，両方食べた子の人数を引くと，全員の人数になります

図に表して考えると，よいことは何でしょうか？

❻「しこみ」が活かされる場面

重なりは，4年生「整理の仕方」の2次元表や集合につながる数学的な見方・考え方となる。学習の振り返りは，図に表して考えたよさに焦点を当てる。場面が分かりやすい，式に表しやすい，両方食べた子（重なり）が分かりやすい，などが出てくるとよい。様々な解決や説明で図を使ってみる経験を増やし，式と図を関連付けて表したり読んだりする姿を認め，価値付けて広げていく。

3年 もしも○○だったら……この2種類が選ばれるよ！［表と棒グラフ］

1 本時のねらい

「多くの6年生が満足する飲み物を選ぶ」という目的のもと，収集したデータについて目的に合った観点を設定して，多面的に考察することができる。

2 本単元でしこむ数学的な見方・考え方

時	主な学習活動	しこみたい数学的な見方・考え方
1～5	棒グラフの読み方・かき方を理解する。	J　どうすればわかりやすく整理できるかな？
6	2次元表の読み方・かき方を理解する。	J　どうすればわかりやすく整理できるかな？
7～10 （本時）	J　文脈や目的がある中で，自分で観点を決めて，条件を整理する。 M　みんなが納得できる結果を得るために，様々な観点で多面的に考察する。	

3「しかけ」と「しこみ」の具体

●文脈や目的がある中でデータを考察し，問題解決を行う

3月の給食で，飲み物を選択するセレクト給食を栄養教諭が企画したが，選択できる飲み物2種類がまだ決まっていなかった。そこで，卒業を控えた6年生の1クラスにアンケートを取り，3種類の飲み物からセレクトできる飲み物2種類を決めることとし，アンケートの分析をすることとした。アンケートでは，6年生にリンゴジュース，お茶，コーヒー牛乳の3種類の飲み物に対して，それぞれの飲み物を飲んだ場合に「◎満足」,「○ふつう」,「×不満」のどれになりそうかを選んでもらった。アンケートのデータを分析した結果を栄養教諭に伝えるという具体的なゴールを設定することで，子どもたちがデータを取る目的意識を明確化させた。目的や文脈に沿って結論を導く様々な方法を考えさせ，その過程を通して，数値やデータを根拠として扱う力を育んでいきたい。

●みんなが納得できる結果を求めるために，多面的に考察する

統計的な問題解決ではデータの処理の仕方によって結論が異なってくる場合があり，異なる観点や立場などからデータの処理の仕方を多面的に見直してみたり，その処理の仕方に誤りや矛盾がないかを多面的に考察したりすることが重要である。

本時では，整理する観点を決めるに当たり，「みんなが満足するとはどういうことか」を考えながら分析することを大切に扱っていきたい。

❹ 板書計画

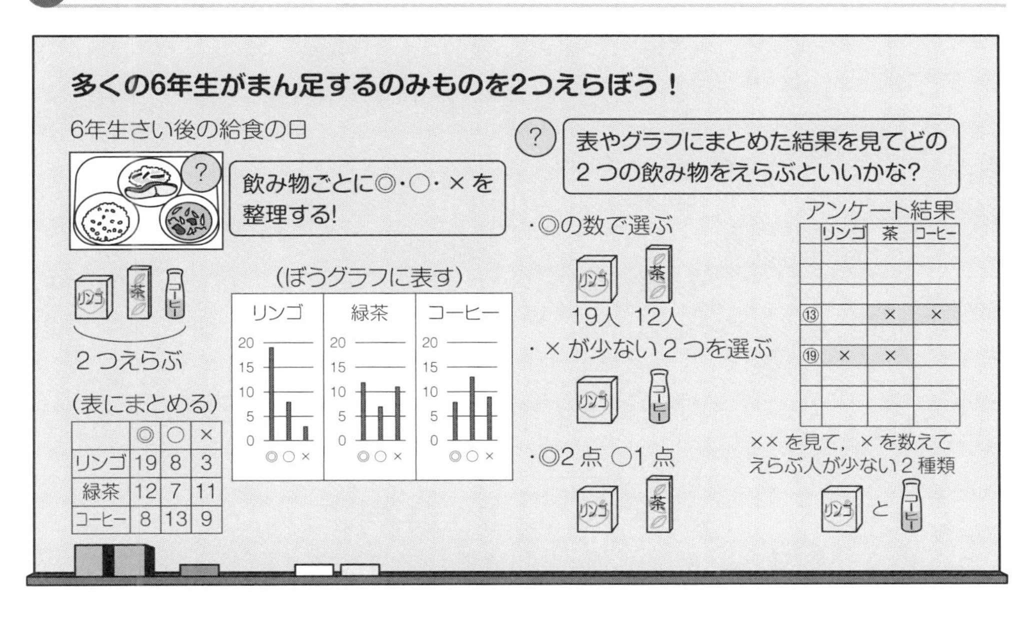

	◎	○	×
リンゴ	19	8	3
緑茶	12	7	11
コーヒー	8	13	9

❺ 授業の流れ

① 課題を把握する

栄養教諭の先生からみんなにお手紙がきました

6年生最後の給食の日に，飲み物のセレクト給食を予定しています。コーヒー牛乳，お茶，リンゴジュースの中から，2種類セレクトできる飲み物を選びたいと思います。6年生のアンケート結果をもとに，**「多くの6年生が満足する飲み物2つ」**を選んで教えてください。

アンケートをどのように集計すると，分かりやすくなるかな？

② アンケート結果を分かりやすく整理する

まずは，飲み物ごとに◎，○，×の数を整理してみると……

J 観点を決めて，条件を整理する

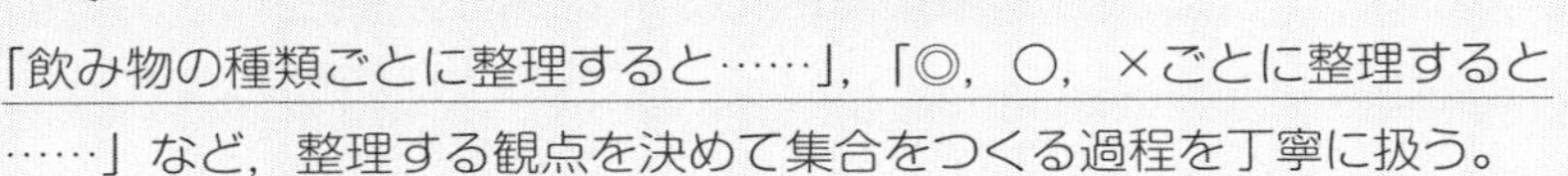

「飲み物の種類ごとに整理すると……」，「◎，○，×ごとに整理すると……」など，整理する観点を決めて集合をつくる過程を丁寧に扱う。

表にまとめました

棒グラフにして整理しました

みんなが集計したアンケート結果から，どの２つの飲み物を選ぶと「多くの６年生が満足する」結果になるでしょうか？

○○で選ぶと……（２種類を選ぶ基準を決める）

M 様々な観点で，多面的に考察する

飲み物２種類を選ぶ観点を決め，集計結果から結論を導く。多様な観点を認めるが，「多くの６年生が納得する」という文脈に合った観点であるかを確かめる。同時に，観点によって導かれる結論も変わることを経験させる。

ぼくは，「◎満足する」を選んだ人が多い飲み物２種類を選びました。リンゴジュースは19人，緑茶は12人，コーヒー牛乳は８人だったので，選んだ２種類は，リンゴジュースと緑茶です

私は，「× 不満」を選んだ人が少ない飲み物２種類を選ぶといいと思います。「× 不満」を選んだ人の人数は，リンゴジュースは３人，緑茶は11人，コーヒー牛乳は９人だったので，リンゴジュースとコーヒー牛乳を選びました

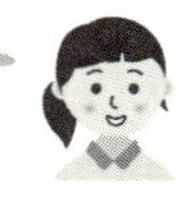

ぼくは，「◎満足する」を２点，「○ふつう」を１点にして，点数が多い２種類を選びました。

	◎満足 (2点)	○ふつう (1点)	合計
りんごジュース	38	8	46
緑茶	24	7	31
コーヒー牛乳	16	13	29

私は，アンケートの集計表を順番に見ていき，２種類の飲み物に × を付けている人を数えていきました。もしも，リンゴジュースとお茶が選ばれたとすると，⑱番の人がリンゴジュースとお茶のどちらも × を付けています

	リンゴ	緑茶	コーヒー牛乳
①	◎	◎	×
②	○	◎	○
③	◎	×	○
④	◎	×	◎
⑤	×	◎	◎
⑥	◎	○	◎
⑦	◎	◎	○
⑧	◎	◎	○
⑨	◎	◎	×
⑩	○	×	◎

	リンゴ	緑茶	コーヒー牛乳
⑪	×	◎	○
⑫	◎	×	◎
⑬	◎	×	×
⑭	○	◎	×
⑮	○	×	◎
⑯	◎	×	○
⑰	○	◎	×
⑱	×	×	◎
⑲	◎	◎	○
⑳	◎	○	×

	リンゴ	緑茶	コーヒー牛乳
㉑	◎	×	○
㉒	◎	○	○
㉓	◎	○	○
㉔	○	○	○
㉕	○	×	○
㉖	○	○	×
㉗	◎	◎	○
㉘	◎	○	×
㉙	◎	×	◎
㉚	◎	◎	×

同じように，お茶とコーヒー牛乳が選ばれたとすると，⑬番の人がお茶とコーヒー牛乳のどちらも × を付けているので，全員が満足するという結果になりません。でも，リンゴジュースとコーヒー牛乳が選ばれると，どちらにも × を付けている人がいないので，どの人も不満な飲み物以外の飲み物を飲むことができます。だから，リンゴジュースとコーヒー牛乳がよいと思います

どうやって２種類の飲み物を決めるか，決め方を変えると，選ばれる飲み物も変わってきますね

リンゴジュースは，決定でいいと思います。リンゴジュースは，どの決め方でも選ばれているから

この結果だけでは，決められません。他の６年生のクラスは，もしかしたらリンゴジュースは人気がないかもしれません。それに，お茶とコーヒー牛乳は，とても迷います

６年生全員からアンケートを取って，分析したいです

６年生全員からアンケートを取ったら，どのように２種類を決めるとよいでしょうか？　多くの６年生が満足するのはどの決め方だと思いましたか？

6 「しこみ」が活かされる場面

学習の振り返りでは，再度「多くの６年生が満足する」ということが，どういうことであるのかを問うことで，選び方が適切であったのかを振り返る場面をつくる。そして，１クラスだけのアンケート結果だけではなく，６年生全員のアンケート結果を分析するという，PPDAC サイクルを２回実施する場面をつくっていく。本時でのしかけは，４年生「整理の仕方」の２次元表につながる数学的な見方・考え方やデータの学習領域で再度扱うことになるので，大切に扱っていく。

4年 式からどんな買い物をしたかったのかわかるよ［がい数の表し方］

1 本時のねらい

見積もりの式を読むことを通して，目的に応じて，概数を用いた和の見積もりの仕方を理解することができる。

2 本単元でしこむ数学的な見方・考え方

時	主な学習活動	しこみたい数学的な見方・考え方
1～5	およその数の表し方を考える。 ・概数の意味　・四捨五入 ・「以上」,「未満」,「以下」の意味	D　数直線を見ると，こっちの数のほうが近いから，それで概数をつくることができるね。
6（本時）	**M 「同じものを買うのに，見積もりの式が違う」ということから，目的に違いがあるのではないかと考える。 B　見積もりの仕方の違いから，見積もりをする目的がそれぞれ違うことを読み取る。**	
7	概数を用いた差・積・商の見積もりの仕方を考える。	H　だったら，他の計算でも概数を使うと，見積もりが簡単にできるかな？
8	学習内容をまとめる。	H　概数を他の場面でも使えそうだね。

3 「しかけ」と「しこみ」の具体

「確実に○○円以上になるには，どのような仕方で概数をつくればいいかな？」のように，教科書などでは，「目的→見積もりの式」を考えさせる授業構成となっていることがある。しかし，切り上げや切り下げを意識した見積もりをすることは，子どもたちの日常生活にあまりなく，目的から見積もりの式を考え出すのは難しいと考えた。その一方,「目的」に関して言えば,「○○円以下にしないといけない」や「○○円以上にしないといけない」など，日常生活を通して知っている子どももいるだろうと考えた。そのため，本時のしかけとして,「同じものを買う見積もりの式を見て，その目的を考える」という授業構成にした。また,「目的」を想起させやすくするためのしかけとして，導入でスーパーなどの買い物をした経験を想起させ，共有する発問を行う。

「式を読む」という数学的な見方・考え方は1年生の学習から行ってきている。しかし，本時では，初めて「目的が違う」ということが焦点となる。本時では，その式を立てた目的を探る姿勢を価値付け，しこんでいく。そして，今後も式を読んで，その目的を考えることができる子どもに育てていきたい。

④ 板書計画

がい数

・セール品があります。
・財布の中のお金以上のものは買えません。
・○○円以上買うとくじのサービスがあります。

ノート	折り紙	色えんぴつ	マーカーペン
173円	145円	290円	428円

目的に合わせて、見積もりの仕方が変わる。

ちがう考え方??

Aさん：100+100+200+400= 800 十の位で切り捨て ➡ 800円以上になるか知りたい。

Bさん：200+100+300+400=1000 十の位で四捨五入 ➡ 代金が約何円になるか知りたい。

Cさん：200+200+300+500=1200 十の位で切り上げ ➡ 1200円以下になるか知りたい。

⑤ 授業の流れ

① 買い物の場面のイメージを共有する

みなさんは，スーパーマーケットやコンビニで買い物をしたことがありますか？　買い物をするときに，どんなことに気を付けますか？

・セール品があります
・財布の中のお金以上のものは買えません
・○○円以上買うとくじのサービスがあります

② 3人の見積もりの式の違いに疑問をもつ

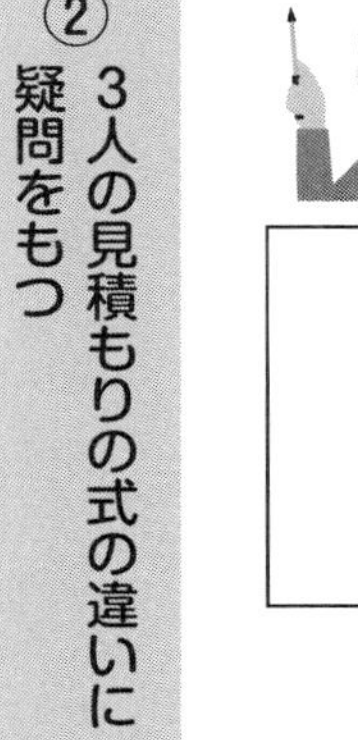

見当をつけることを「見積もる」と言います。あるスーパーに来て，3人の人が同じものを買ったのですが，見積もりの式は次のようなものでした

ノート	折り紙	色えんぴつ	マーカーペン
173円	145円	290円	428円

Aさん：100 + 100 + 200 + 400 = 800
Bさん：200 + 100 + 300 + 400 = 1000
Cさん：200 + 200 + 300 + 500 = 1200

なんで，同じものを買うのに，見積もりの式が違うんだろう？

式が違うということは，考え方が違うのかな？

M 式の違いから目的の違いの有無について考える

「なるほど，式が違うということは，３人の考え方が違うのかもしれないね」と教師が言い直しつつ繰り返す。「違う考え」ということを板書する。

③ それぞれどのように概数にしたのかを考える

「式が違う」と言ってくれましたが，どこが違うのでしょうか？

同じノートの 173 円でも，A さんは 100 円，B さんと C さんは 200 円になっています

B さんは四捨五入をしていると思います。だって，173円を 200円，折り紙が 100 円になっているからです

それぞれ何の位で四捨五入しているのでしょうね

十の位で四捨五入をしています

３人それぞれがどのように概数にしているかを全体で確認する。

３人の見積もりの式の違いを考えることができましたね。では，それぞれの人がどのように考えて，その見積もりの式にしたのかを考えましょう

B さんの見積もりの式が分かりやすそうだから，まず B さんから考えてノートに書こう

④ 式から、どんな目的をもっていたのかを全体で検討する

では，全体で確認をしていきましょう

A さんは，十の位で切り捨てて，見積もりをしているので，800 円未満にはならないことが分かります。だから，代金が 800 円以上になるかどうかを知りたかったのだと思います

800 円以上でくじが引けるお店もあります

B さんは，十の位で四捨五入して，見積もりをしているので，代金が 1000 円くらいだと分かります。だから，代金が約何円になるかどうかを知りたかったのだと思います

C さんは，十の位で切り上げて見積もりをしているので，1200 円以上にはならないことが分かります。だから，1200 円以下になるかどうかを知りたかったのだと思います

財布の中に，1200 円しか入っていなかったのかも

式からどんな買い物をしたかったのか分かるよ

B 式から目的がそれぞれ違うことを読み取る

今日の授業を通して考えたことで，「式を読んだだけで，その人がどんな考えで見積もりをしたいのかを予想することができました」などのようなことを学習感想で書いたり，授業の終末でつぶやいたりした子どもがいたときに，その場で価値付けたり，次時の冒頭で紹介したりする。

⑥「しこみ」が活かされる場面

本時の学習では，「式からその考えを予想する」ということを行った。このように，「式を読む」ということは，ただその解法を読み取るのだけでなく，その人がどのようにして考えたのかを予想できるところまで育てていきたい。この後の学習では，面積の凹凸のある四角形の求め方などの学習で，友達の考えを式から考える場面で活かされるだろう。

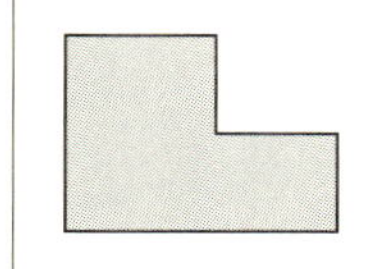

4 × 6 − 2 × 3 = 18

小さい長方形を足して，大きい長方形にしてから引いたんだよ！

縦1列と横1列に並べれば，計算で求めることができるよ［面積のはかり方と表し方］

❶ 本時のねらい

長方形，正方形の面積を計算で求める方法を理解し，面積を求める公式をつくることができる。

❷ 本単元でしこむ数学的な見方・考え方

時	主な学習活動	しこみたい数学的な見方・考え方
1～2	・広さの表し方を知る。 ・1cm^{2}という大きさを知る。	K　前の長さや重さと似ていて，〇の何個分かで，面積を表せられる。
3（本時）	**A　面積を縦，横の1cm^{2}の個数をかけて，計算で面積を求める。**	
4～5	公式を使って面積を求め，長方形を組み合わせた凹凸のある形の面積を求める。	H　どんな長方形や正方形の場合も，公式を使うと簡単に面積を求められるかな？ B　この式からどんなことが分かるかな？
6～10	大きな面積の単位を知り，相互関係を考察する。	K　今までの単位と似ていて，面積も単位が変わっていくんだね。
11～12	まとめ	

❸「しかけ」と「しこみ」の具体

長方形や正方形の面積の公式を暗記することができる子どもは多いだろう。しかし，その公式の意味，例えば「『長さ×長さ』の意味とは？」という問いには答えられないなど，十分に理解していないと感じることがある。

そのため，本時ではしかけとして，面積を求めるために1cm^{2}を敷き詰める活動を行う。敷き詰める活動を通して，子どもたちから「もっと簡単に求められないだろうか？」という考えが生まれ，「縦1列と横1列さえ分かればいい」という言動が生まれてくるだろう。そこで，しこみとして「既習のように計算を用いて求めようとした姿勢」を取り上げ，公式化につなげていく。

また，長方形や正方形は面積が求めやすい図形であり，凹凸がある図形は面積が求めにくいという，図形の性質に着目したところも価値付けて押さえていきたい。

さらに，この活動を通して，面積に対する量の感覚も育てていきたい。そのために，どれくらいの面積なのか，いくつくらい1cm^{2}が必要そうなのかを予想させてから，敷き詰める活動を取り組ませることに気を付けたい。

❹ 板書計画

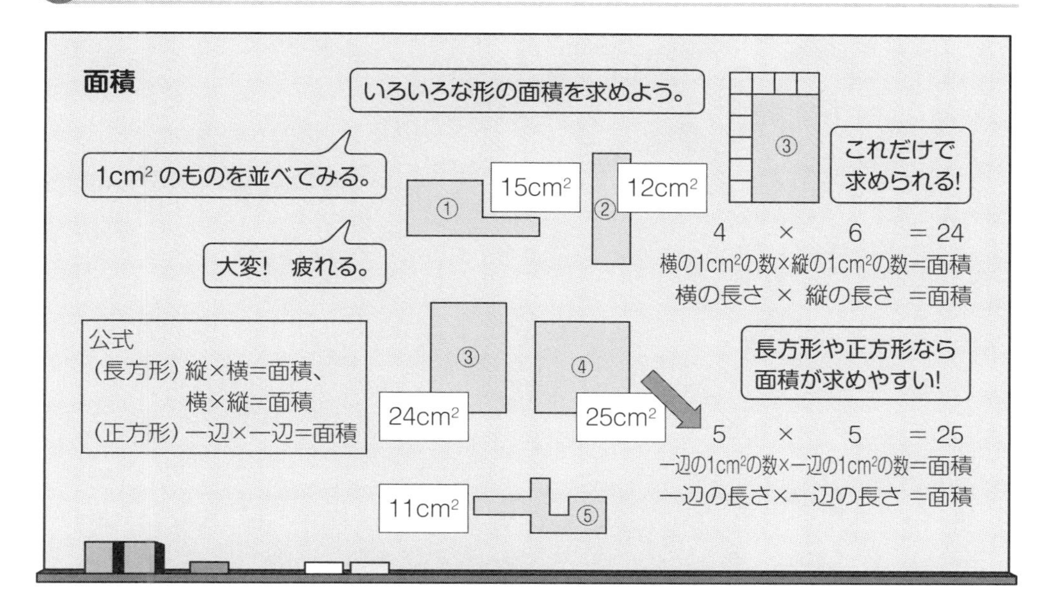

❺ 授業の流れ

【前時の後半】

1cm² の用語を学習し，1cm² の大きさの量の感覚を育てる活動を入れる。工作用紙を切って，自分たちで1人当たり 20 個くらいの 1cm² のタイルを作る。

① 普遍単位を使って求めることの確認

いろいろな形の面積を求めたいのですが，どのようにしたら，いつでも面積を求められるでしょうか？

1 cm² のものを並べてみれば分かります

② 面積をそれぞれ求める

では，面積を求めていってもらいますが，面積を求める前に，それぞれ何 cm² くらいか予想したものを横に書いてから，並べてみましょう

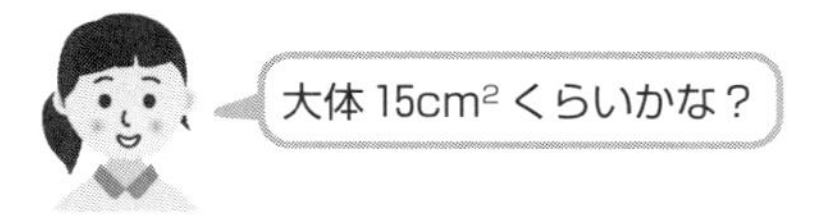

うまく並べられない

③ それぞれの面積を確認して、求め方を共有する

あれ，数が足りないかも？

もっと簡単に面積を求められないかな？

こういうふうに並べたら，あとはかけ算で簡単に求めることができそう

面積を求めることができましたね。でも，すごく簡単に求めている人がいましたね

縦１列と横１列に並べれば，計算で求めることができます

A 計算で面積を求める

自力解決時，縦１列・横１列しか並べていないものを見つけておき，全体の前で取り上げる。その子どもの思考を追体験するように，子どもの発言後，全員に再現させてみる。縦１列と横１列の個数をかければ，全体の個数になるというきまりを確認する。２年生の九九の学習を想起させてもよい。

長方形や正方形は使えるけど，あとのゴツゴツしたような形では，計算ではできないよ

そっか，長方形や正方形は面積が求めやすい形なんだね

でも，毎回１ cm^2 のタイルがないと長方形・正方形の面積は求めることができないのでしょうか？

さっきの縦の１ cm^2 の数の４は，長方形の縦の長さじゃない。だって，１ cm^2 は１辺１ cm の正方形でしょう？　それを縦に４個並べられたということは，4cm ということだよね？

④ 長方形と正方形の求積公式を確認する

同じように，横の1 cm²の数の4は，長方形の横の長さです。だから，縦の1 cm²の数 × 横の1 cm²の数は，縦の長さ × 横の長さと言ってもいいのではないでしょうか？

公式　長方形の面積　たて×横　横×たて

正方形は，縦も横の長さも等しいから，他の言い方があるのかな？

公式　正方形の面積　一辺×一辺

計算すると，簡単に長方形や正方形の面積を求めることができました。でも，他のゴツゴツしたような形の面積を求めるよい方法はないでしょうか？

ワークシート例

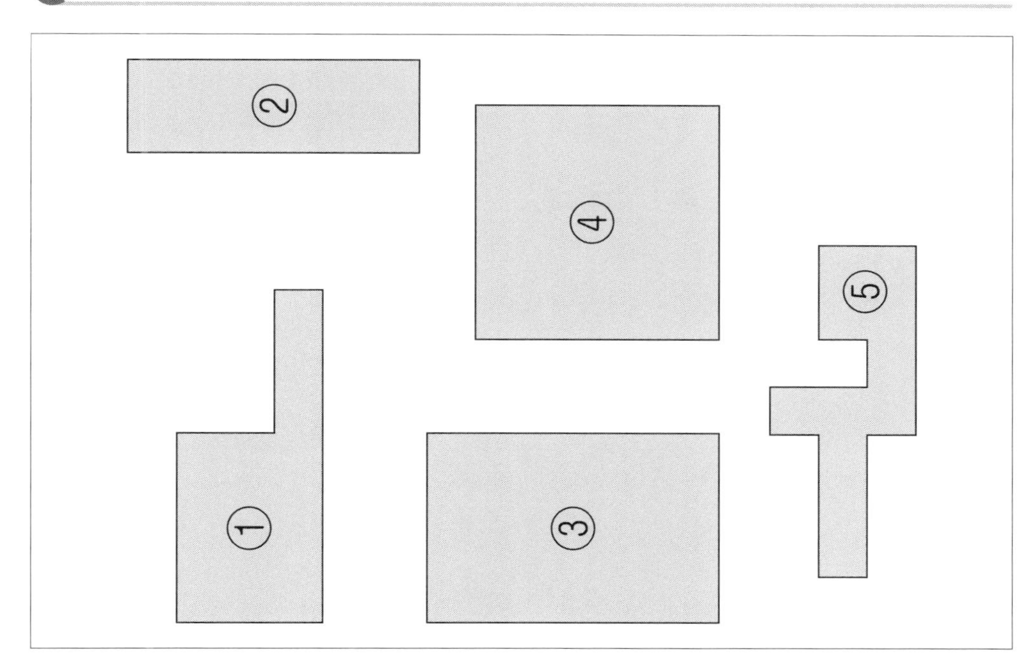

6 しこみが活かされる場面

うまくいかないこと，手間がかかることでも，計算を使って簡単に求めようとする姿勢は，低学年からしこんでいきたい。また，本時の内容に特化するのであれば，きまりを見つけてそれを公式化することは，4年生の「変わり方調べ」や5年生の「体積」でも活かされる。

4年 ちょうどいい単位はこれだ！
[平面図形の面積（メートル法の単位の仕組み）]

1 本時のねらい

面積の単位は長さの単位を基に構成されていることを理解するとともに，適切な単位で面積を考える活動を通して，a や ha といった面積単位に慣れ親しむことができる。

2 本単元でしこむ数学的な見方・考え方

時	主な学習活動	しこみたい数学的な見方・考え方
1～6	・面積比較　・「cm^2」を知る。 ・長方形や正方形の求積公式。 ・長方形を組み合わせた図形の求積。 ・「m^2」を知る。	A （1cm^2 の正方形の数は）計算で求められるのかな？
7（本時）	**C　校区の航空写真を見て，問題を発見する。 K　既習から km^2 を見いだし，a や ha について知る。 J　適切な単位で面積を考える。**	
8～10	・「cm^2」,「m^2」,「a」,「ha」,「km^2」の関係をまとめ，いろいろな求積問題を解く。	E　辺の長さが 10 倍になると，10 倍の 10 倍で面積は 100 倍だね。

3 「しかけ」と「しこみ」の具体

本時では主に右のような航空写真をしかけとして用いる。まずは，校区の航空写真を見せて建物や町の様子を楽しませる。子どもたちが写真に関わりながら,「畑が広いね」等，自由に発する言葉の中でも面積に関する発言を拾いながら数学的な問題を見いだしていくようにするとよい。縮尺の学習は第6学年だが，写真の簡単な縮尺を示し，これを基に既習の面積の公式を当てはめようとする子どもがいれば「学んだ公式を使おうとしているね」と価値付け，やはり面積の大小比較は数が便利であるという価値観を共有する。そうして，畑や公園，学校などの広い場所の面積を表そうとするとどうしても数値が大きくなり過ぎてしまい,「m^2 では不都合である」ということを本時の問題に昇華させていく。

子どもたちとやり取りしながら新たな単位として km^2 や a，ha を教えていく。今度は航空写真の縮尺に合った 1a，1ha，1km^2 それぞれの正方形の用紙を計器として渡し，写真上の様々な場所の面積を適切な単位で表していく活動を入れる。最後に，実際の自治体の資料等を示し，馴染みのない a や ha も実際使われていることを発見させることで，学んだことが実生活で役立つことを感じさせる。

4 板書計画

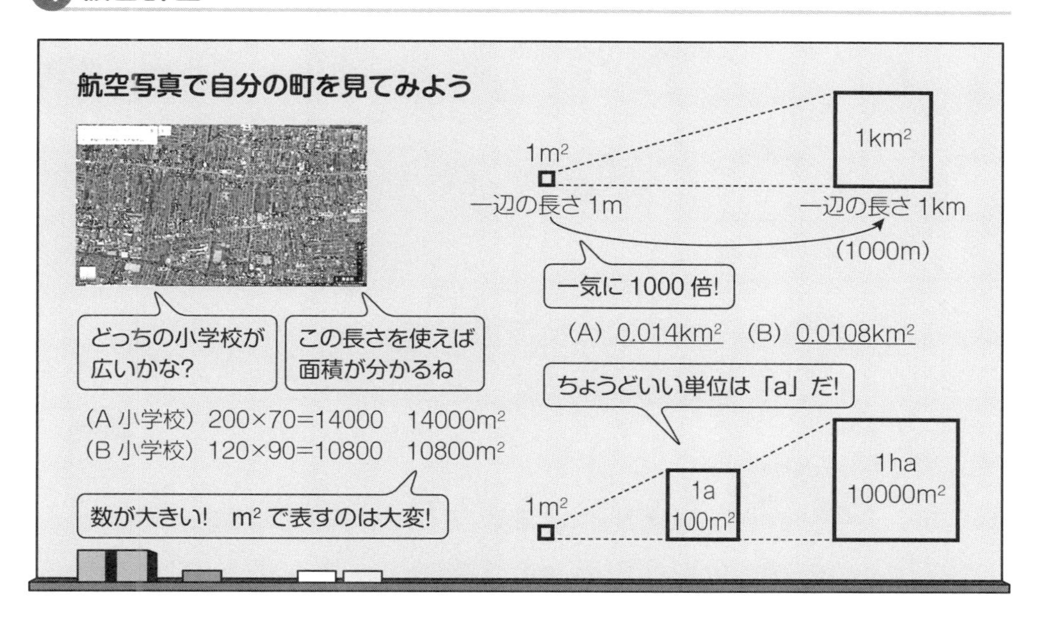

5 授業の流れ

① 校区の航空写真を見て話し合う

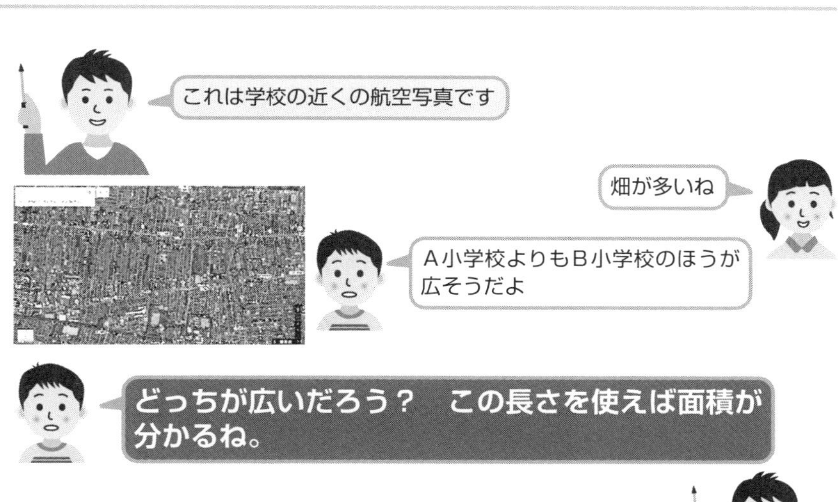

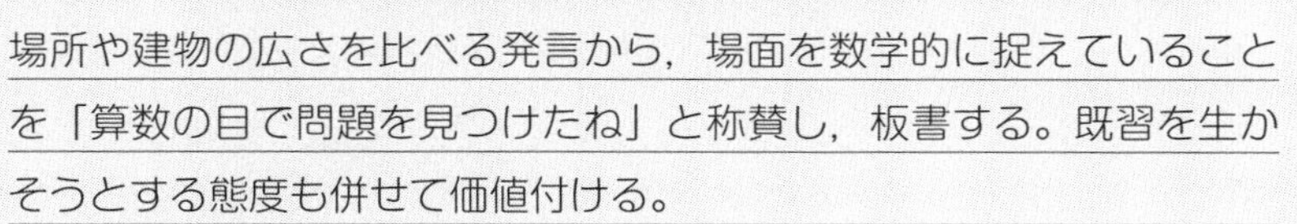

C 校区の航空写真を見て，問題を発見する

場所や建物の広さを比べる発言から，場面を数学的に捉えていることを「算数の目で問題を見つけたね」と称賛し，板書する。既習を生かそうとする態度も併せて価値付ける。

縮尺からおおよその長さを測り取り，既習の公式を当てはめて面積を求める（ここでは学校同士を比較しているが，任意の比較対象でよい）。

② ㎡では物足りないことを味わう

A小学校は 200×70 で 14000m², B小学校は 120×90 で 10800m² です

すごく大きな数になったね

○○町全体や○○市全体だと 1 m² いくつ分になるだろう？

③ ㎢を単位として活用しようとする

もっと広い場所を表す単位はないかな？ 一辺が 1 km の正方形で「1 km²」とかどうかな？

K 既習から km² を見いだし, a や ha について知る

これまでの「1cm²」,「1m²」の単位のつくり方を基に「1km²」を見いだす考えを,「今までの単位と同じように考えたんだね」と称賛する。

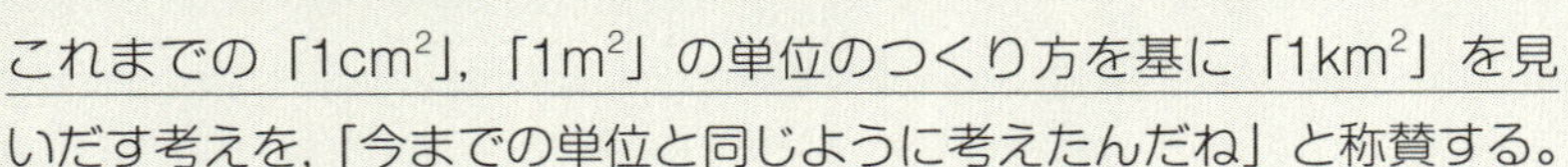

A小学校は 0.014km², B小学校は 0.0108km² です。これだと, m² のときのほうが分かりやすかったです

④ a や ha を単位として知り、適切な単位を考える

m² と km² の間には a と ha という単位もあります

a なら, さっきの小学校は 140 a と 108 a と表せます

ちょうどいい単位は「a」だね

J 適切な単位で面積を考える

「ちょうどいい」という言葉を認めつつ,「『ちょうどいい』ってどういうことかな？」と全体に問い返す。その際, ここまでに調べてきた「ちょうどよくない場合」と対比させることで強く価値付けることができる。a や ha がちょうどいいと思える条件を, 子ども同士の対話を基に整理していく。

⑤ aやhaの価値を味わう

「a」や「ha」はどんな場所に向いていますか？　その写真上での１aと１haの大きさになっている用紙を使って考えてみましょう

○○市のHPにはこのような資料があります

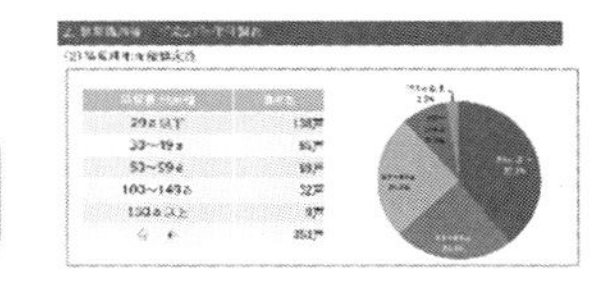

実際に使われているんだね

引き出した「実際に」という言葉を基に「身の回りで使われている単位について学んだね」と価値付ける。また，日本では歩，畝，反，町などの単位が太閤検地の頃からあることを伝え，「a（1畝）」，「ha（1町）」の間をさらに埋める「反」の存在に気付かせ，昔から面積の単位が生活に深く根ざしていることを理解できるようにするとよい。

6「しこみ」が活かされる場面

●第５学年「体積」の学習で

本時は新学習指導要領で第６学年から第４学年に下りてきた内容である。本時と同様に，体積について第５学年で学ぶ機会がある。そのときに本時のような「もっと大きい体積を表す単位はないかな？」，「ちょうどいい単位はこれだ」といった数学的な見方・考え方は活かされてくるだろう。

●単位に働きかける学習で

本時の「適切な単位を考える」，「単位を換算する」といった活動そのものも大事なしこみとしたい。図形領域だけでなく，計算領域，変化と関係領域等でも活かされる数学的な見方・考え方と言える。その際，「ちょうどいい」，「ちょうどよくない」等のニュアンスが生まれる発言をあえて価値付けることから，深い学びに進むとよい。

4年 伸びた長さは一番だけど，それで本当にいいのかな？［わり算の筆算（簡単な割合）］

1 本時のねらい

簡単な場合について，ある２つの数量の関係と別の２つの数量の関係とを比べる場合に割合を用いる場合があることを理解することができる。

2 本単元でしこむ数学的な見方・考え方

時	主な学習活動	しこみたい数学的な見方・考え方
1	・60 枚の色紙を 20 枚ずつ分けるときの分けられる人数について考える。	G　60 ÷ 20 は 6 ÷ 2 の計算と同じ考え方だよ。
2～7	・84 枚の色紙を 21 枚ずつ分けるときの分けられる人数について考える。 ・様々なわり算の筆算について考える。	J　どのような 2 桁÷ 2 桁の計算も同じように筆算が使えるのかな？
8～10	・345 枚の色紙を 21 人で同じ数ずつ分けると，1 人分が何枚になり，何枚余るか考える。	J　桁が増えても同じようにわり算の筆算が使えるのかな？
11～12	・商が 4 になるわり算を探す。 ・24000 ÷ 500 など，工夫できるわり算について考える。	I　わられる数とわる数に同じ数をかけても答えが変わらないというきまりを見つけた。
13（本時）	M　差の比べ方以外の比べ方を探す。 M　差で比べた結果と倍で比べた結果を結び付けて考える	
14～15	・確認問題に取り組む。	

3「しかけ」と「しこみ」の具体

本時でしこみたい数学的な見方・考え方は，差だけではおかしいと批判的に考えたり（M），差と割合の見方，２つの方法を結び付けて多面的に考えたりする（M）姿である。

そのための大きなしかけとしては，ＡとＢだけでなくＣという第三の比較物を提示したことである。Ｃがあるから，差だけでは納得いかず，他の比べ方を考える姿が促せる。また，長さと長さの２量を比較することや，数値を設定しないことは，割合で大切ないくつ分や基の概念の理解を促すしかけである。

本時は，「Ａ：20cm→ 60cm」，「Ｂ：15cm→ 45cm」，「Ｃ：40cm→ 80cm」としている。

④ 板書計画

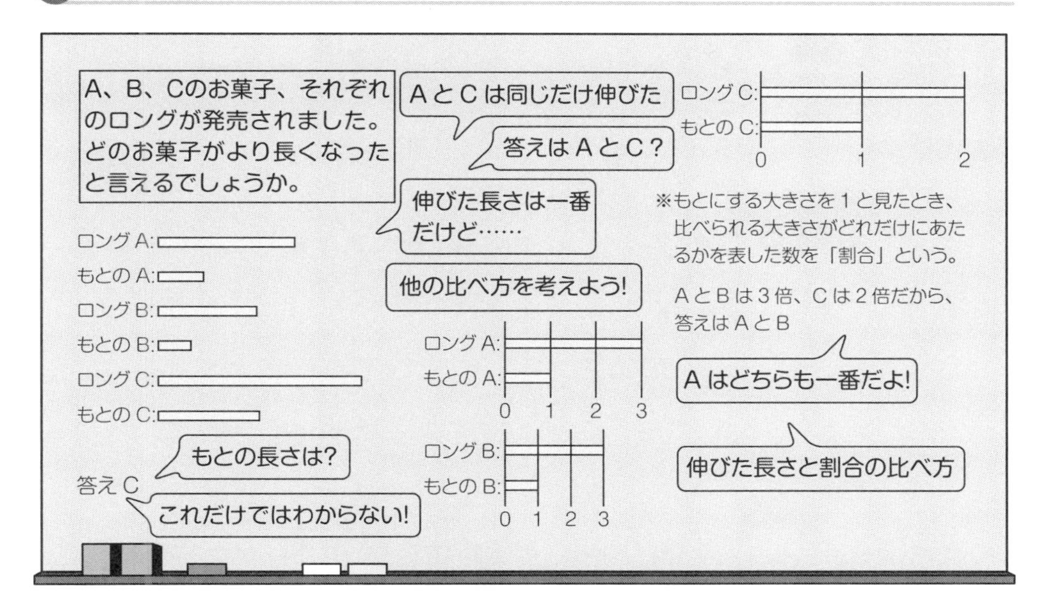

⑤ 授業の流れ

① どれがより長くなったかという問題の意図や場面を把握する

A, B, Cのお菓子，それぞれのロングが発売されました。どのお菓子がより長くなったと言えるでしょうか

ロングA：

ロングB：

ロングC：

Cが一番長いから
Cだと思います

しかけとして，初めはロングしか提示しない。基の長さを知りたい等，基と比較する大切さを全体で共有していく。

「どれが1番長くなったか」だから，これだけでは分かりません。基の長さを教えてください

「これだけでは分からない」の意図も全体で共有する。

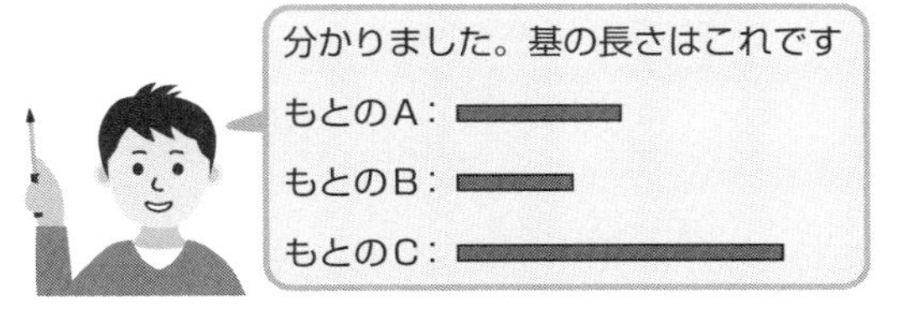

AとCの差が同じだと分かるように提示する。

AとCは同じ長さ伸びたんだ！　じゃあAとCが答えです

伸びた長さは一番だけど，それで本当にいいのかな？

M　差の比べ方以外の比べ方を探す

上記のつぶやきを取り上げ，何に納得いっていないかを全体に問う。
「基」や「倍」などのキーワードが出たら，その視点で比べてみようと促す。
他の比べ方について全員で考え，最後に「別の方法を発見できたのは○○さんが～と言ってくれたからだね」と褒める。

それでは，別の比べ方を考えてみましょう

ロングの図と基の長さの図を個人に配布し，自力解決を行う。

このとき，「それぞれの長さを数値で教えてほしい」，「長さを測ってもいいですか？」などの意見が予想される。数値に着目する姿は充分認めるが，「数値がなくても比べられないかな？」と問うことで，数値化はしない。

倍で比べてみると，ロングAとロングBは基の長さの3倍になっていて，ロングCは基の長さの2倍になっていました

数値がなくても倍が分かりましたか？

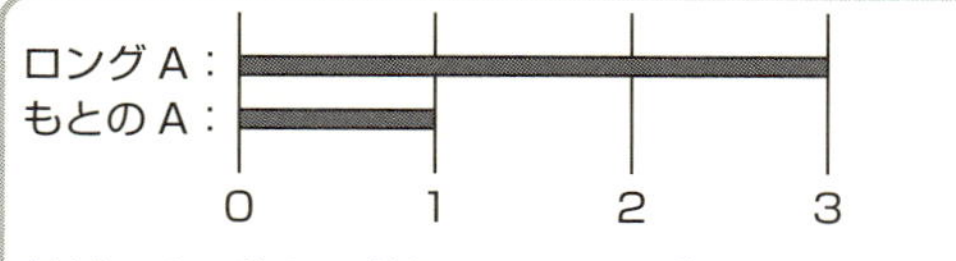

基がいくつ分かで考えると，ロングAの中に基のAが3つ入ったので3倍だと分かりました（BとCも同様）

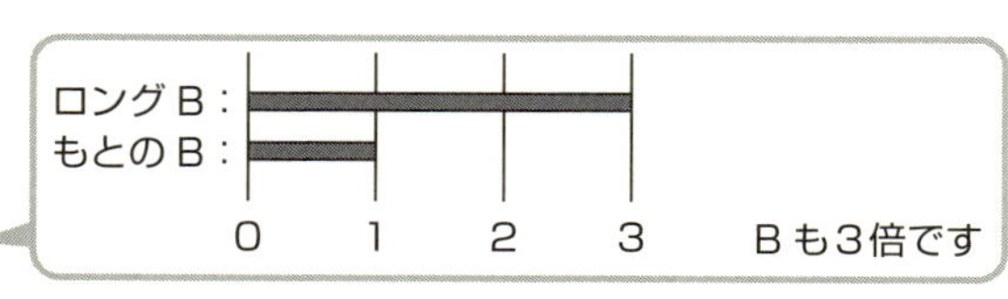

ロング C：
もとの C：
0 1 2
C は2倍です

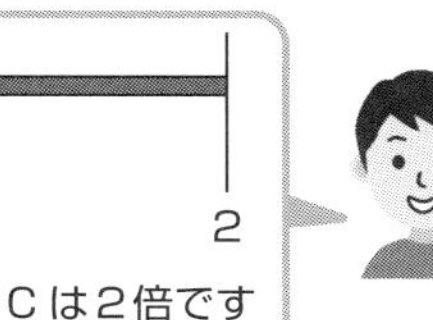

基にする大きさを１と見たとき，比べられる大きさがどれだけに当たるかを表した数を「割合」といいます

③ 初めの問題に対する答えを導く

割合で見ると，A と B が一番長くなったと言えます

今回の答えは A と B ですね

どちらの比べ方でも A は一番です！

しこみチャンス

Ⅰ 差で比べた結果と倍で比べた結果を結び付けて考える

「『どちらの比べ方』とはどういうことかな？」と全体に問い返す。ペアなどで話させ，２つの観点で考えたことを全体で共有する。「いろいろな結果を基に考えられるのはすばらしいね」と褒める。

倍を使って比べる方法もありましたね。いろいろな方法で比べて考えるといいですね

6 「しこみ」が活かされる場面

●これで本当にいいのかな？（批判的）

批判的な見方はどの単元，授業でも活かされる見方だが，本授業の見方がそのまま活かされるのは５年生の小数のわり算である。A と B のどちらが値上がりしたかを考える場面では，小数倍でも割合で比べようとする姿が期待できる。

●これで本当にいいのかな？（多面的）

多面的な見方も，どの単元，授業でも活かされる見方だが，本授業の見方は，データの活用の結論を導く場面と深くつながる。例えば，何人かのソフトボール投げの記録から代表選手を決めるとき，平均だけではなく，最大値，最小値，伸び率等，様々な数値の傾向から判断しようとしたり，そこに示されたデータだけでなく，「他にもこんなデータがあるといい」等，様々なデータを調べて判断したりする姿が期待できる。

5年 それぞれのそろえ方には「よさ」があるんだ［単位量当たりの大きさ］

1 本時のねらい

いくつかのものを比較する中で，倍でそろえる見方と単位量でそろえる見方で比較し，それぞれのよさについて考えることができる。

2 本単元でしこむ数学的な見方・考え方

時	主な学習活動	しこみたい数学的な見方・考え方
1	いろいろな事象の平均の混み具合について考える。	G 比べるときには，1当たりにそろえる方法があるんだ。
2	人口密度について知る。	K $1km^2$当たりにそろえれば比べることができるんだね。
3（本時）	**J 条件を整理し，よさについて考える。 E 「よさ」に目を向け，根拠をもって考え，説明する。**	
4～5	単位量当たりの大きさを使って，全体の量を求めたり，仕事量を求めたりする。	J 単位量を使えば，いろいろな場面の量を求めることができるんだね。

3 「しかけ」と「しこみ」の具体

A店	3m234円
B店	6m492円
C店	7m560円

単位量当たりの第3時である。単位量当たりで比較することを学習した後，単位量当たりの大きさを求めることに習熟していく場面である。本時では，3軒のお店のテープの代金を比較する（どのお店で買うとお得か？）活動に取り組む。比較するリボンの代金はそれぞれ左表のようになっている。まずは，AとBで比較する。すると，学習した単位量当たりで比較する子どもと，素直に倍関係から6mの代金にそろえる子どもが現れる。ここが一つのしかけである。単位量である1m当たりでそろえようとすると，234 ÷ 3と492 ÷ 6の2つの計算が必要であるが，倍関係からそろえようとすると，234 × 2の式のみでよい。2量の比較，そして，数値の中に倍関係が見やすいときには，わざわざ単位量当たりでそろえる必要はない。倍の関係からそろえる「よさ」に気付くことができる。そして，その後でCの7m560円を提示する。今度は倍関係では，7と6の数値が見えにくい。単位量当たりで考えたほうがすっきりと解決することができる。また，単位量当たりを求めることで，3つの中の順位を知ることができる。3つ以上のものを比較するときの単位量当たりにそろえる「よさ」が生まれる。こうしたそれぞれの「よさ」をお互いの考えを交流する中で価値付け，共有していきたい。

④ 板書計画

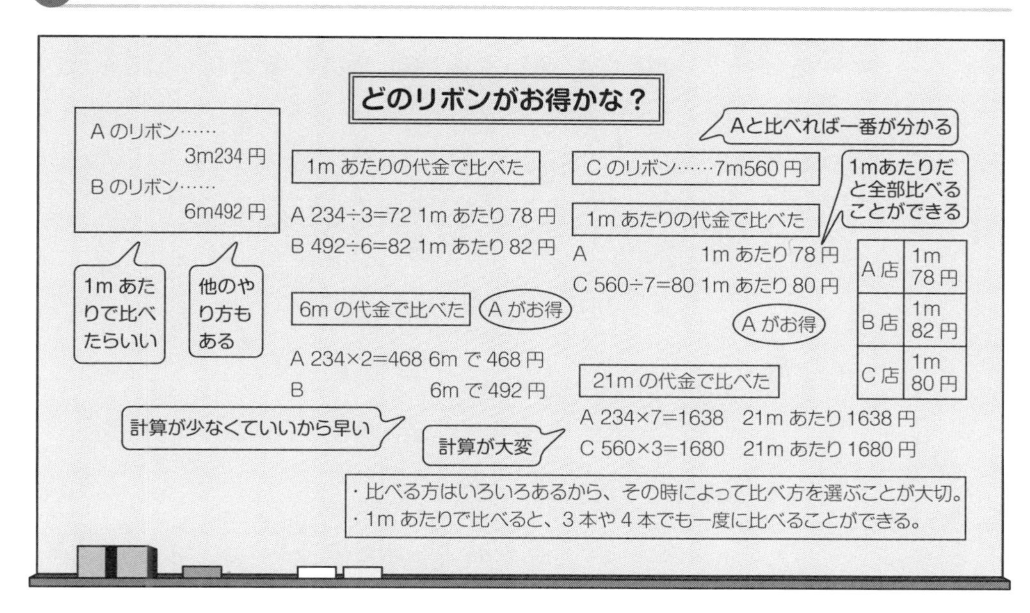

⑤ 授業の流れ

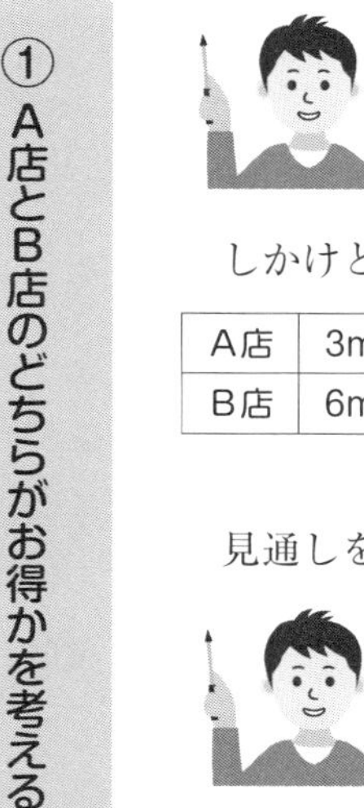

しかけとして，まず，A店とB店のリボンを提示する。

A店	3m234円
B店	6m492円

見通しをもち，自力解決に取り組む。

② A店とC店を比較し、単位量当たりで比較することのよさについて考える

J　条件を整理し，よさについて考える

「簡単だよ」で発言を止め，「どうして簡単と言えるのかな？」と投げかける。そうすることで，倍の関係で比べることのよさを全体で共有することができる。よりよい方法に目を向ける姿を価値付けていく。「計算が１回でできる」という気付きを板書し，価値付ける。

C店	7m560円

C店を提示する。

E「よさ」に目を向け，根拠をもって考え，説明する

「同じだ」というつぶやきが多く聞こえる。そこで「なんで1m当たりにそろえようと思ったの？」と問い返す。そうすることで，「だって」という言葉を引き出すことができる。さらに「『計算が少ない』ってどういうことか，隣りの人に説明してごらん」とペアでの活動を取り入れることで，「よさ」に目を向ける姿とともに，「だって」と根拠をもって説明する姿を価値付けていきたい。

③ 根拠を明らかにする

他にはどんな方法で比べてみたのかな？

私は，21mにそろえて比べました
A店は　3m234円なので，21mにするには7倍になるから，
234×7＝1638円
C店は　7m560円なので，21mにするには3倍になるから，
560× 3＝1680円　だから，A店がお得です

お得な順番はA店，C店，B店の順番だ！
だって，1m当たりの値段がA店78円，B店82円，C店80円になる

E「よさ」に目を向け，根拠をもって考え，説明する

「どうして順番が分かったのかな？」と問い返し，その根拠を共有することで，1m当たりの代金で比較することの「よさ」について考え，根拠をもって説明することができる。

④ 学習を振り返る

今日学習したことを自分の言葉でまとめてみましょう

6 「しこみ」が活かされる場面

●条件を整理し，よさに着目する態度

5年生では新たに「速さ」の学習が加わる。「速さ」の困難さは，自分の求めた数値が何を表しているかが曖昧になっていくことである。つまり，単位量当たりの学習では，1当たりの量を求める練習に終始するのではなく，比較するためには「そろえる」，そして，そのそろえ方の「よさ」に着目することが大切である。「よさ」に着目することをきっかけとして，自分の求めている数値が何なのかを考えていく態度が育っていく。

●「だって」から根拠をもって考える

子どもたちの「だって」という言葉を大切にする。「だって」の言葉の後には子どもなりの根拠が表れる。授業の中で表れる「だって」を言葉や板書で価値付けることで，根拠をもって考え，説明することを，算数授業の文化として育てていくことができる。

5年 約数の個数で色の枚数が決まるよ［倍数と約数］

1 本時のねらい

数に着目し，その数のもつ約数を基に問題を解決し，倍数・約数の理解をより深めることができる。

2 本単元でしこむ数学的な見方・考え方

時	主な学習活動	しこみたい数学的な見方・考え方
1	35人を赤組，白組に分け，27番目の人は何組になるか考える。	I　共通点があるね。
2～3	3人1組をつくる。「組の数を増やすと人数は何人になる？」。続いて，4人1組に組み換え，全部で何人のとき，組み換えがうまくいくか考える。	H　他の組み合わせの場合でもできるかな？
4～5	数字カードおみくじをして，数の特徴や約数について考える。	D　なぜ大吉なの？
6（本時）	**I　最後に黒になる数は，全部約数の個数が奇数になっています。** **H　もしも36番がいたら黒だと分かるね。もっと数が増えても分かるかな？**	

3「しかけ」と「しこみ」の具体

本時でしこみたい数学的な見方・考え方は，①既習を活かし，数の約数を調べた際にその数のもつ約数の個数に着目し，その個数が偶数個か奇数個かで問題を解決する判断材料とすること（I），②問題を解決した考え方を活用し，数の範囲を広げた際にも①の考えを活用し，発展的に考えること（H），である。この倍数と約数の単元では，整数の性質に着目し，偶数・奇数から倍数・約数の学習を行い，整数の性質について理解を深めるとともに，整数の見方や数について感覚を豊かにすることができることにある。形式的に倍数や約数，最小公倍数や最大公約数を学ぶのではなく，具体的な場面を通して学習し，どのように考えて解決したのかを重要視し，根拠をもって考えた子どもの姿を価値付けたい。

本時では，前時までに豊かにした数の見方を活かす場面である。教師の「自分の出席番号の倍数をひっくり返す」という発問から，子どもは数の倍数に着目をする。しかし，「全員がひっくり返した後の数字カードの色の数」については，数の倍数では容易に解決できない。「数字カードは，どんなときにひっくり返されるのか」という考えを共通の問いとして考えていく。その際に，前時までの学習である倍数と約数の関係や数を見る豊かな感覚を引き出すしかけを基に，数の約数を調べようとする見方を価値付けながら解決に向けて進んでいく。

❹ 板書計画

1	2	3	4	5	6	7	8	9	10
11	12	13	14	15	16	17	18	19	20
21	22	23	24	25	26	27	28	29	30

全部，黒色になった

2の倍数は，しましま模様だ

このままひっくり返していくと
白色と黒色の枚数がどうなるのだろう。

・2は，1番と2番（本人）にひっくり返される
・3だったら1番と3番。4は，1と2と4番に

番号	色	約数	番号	色	約数	番号	色	約数
1	黒	(1)	11	黒 白	(1.11)	21	黒白黒 白	(1.3.7.21)
2	黒白	(1.2)	12	黒白黒白黒 白	(1.2.3.4.6.12)	22	黒白 黒 白	(1.2.11.22)
3	黒白	(1.3)	13	黒 白	(1.13)	23	黒 白	(1.23)
4	黒白黒	(1.2.4)	14	黒白黒 白	(1.2.7.14)	24	黒白黒白黒白 黒 白	(1.2.3.4.6.8.12.24)
5	黒白	(1.5)	15	黒白黒 白	(1.3.5.15)	25	黒白 黒	(1.5.25)
6	黒白黒白	(1.2.3.6)	16	黒白黒白黒	(1.2.4.8.16)	26	黒白 黒 白	(1.2.13.26)
7	黒白	(1.7)	17	黒 白	(1.17)	27	黒白黒 白	(1.3.9.27)
8	黒白黒白	(1.2.4.8)	18	黒白黒白黒 白	(1.2.3.6.9.18)	28	黒白黒白 黒 白	(1.2.4.7.14.28)
9	黒白黒	(1.3.9)	19	黒 白	(1.19)	29	黒 白	(1.29)
10	黒白黒 白	(1.2.5.10)	20	黒白黒白 黒 白	(1.2.4.5.10.20)	30	黒白黒白 黒 白	(1.2.5.6.15.30)

数字の約数が偶数か奇数かで最後の色が白色か黒色かがわかる。白色が 25 枚で黒色が5枚になる。

❺ 授業の流れ

① 具体操作を取り入れながら、自分の番号は何枚ひっくり返すか自分事と捉える

ここに 30 枚の番号の書いてある白色のカードが並んでいます

1	2	3	4	5	6	7	8	9	10
11	12	13	14	15	16	17	18	19	20
21	22	23	24	25	26	27	28	29	30

出席番号１番の人，自分の倍数の数をひっくり返してください

全て黒色になりました

出席番号２番の人，自分の倍数の数をひっくり返してください

しましま模様になりました

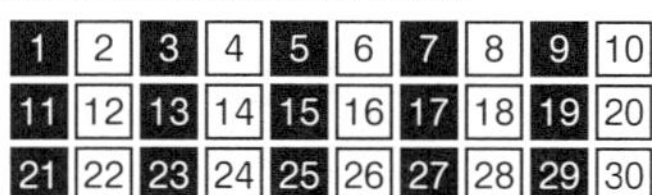

出席番号３番をひっくり返したらどうなるかな？

このまま全員が自分の出席番号をひっくり返していくと，白色と黒色の枚数はどうなっていくのだろう？

では，どうなるか調べてみましょう

でも，全部の倍数を調べていくのは大変です

2の倍数なら「2, 4, 6, 8, 10, ……30」となって，調べるのが大変ということです

② 情報を整理し、考えの見通しをもつ

あれ？　でも，倍数を調べてひっくり返しても，他の数の倍数にひっくり返されてしまいます

どんなときに自分の出席番号がひっくり返されるのでしょう？

1	2	3	4	5	6	7	8	9	10
11	12	13	14	15	16	17	18	19	20
21	22	23	24	25	26	27	28	29	30

誰かが私の出席番号の倍数をもっていたらひっくり返されます。でも私は……私しかいない

③ 数に着目し、どのように調べたらいいか方法を考える

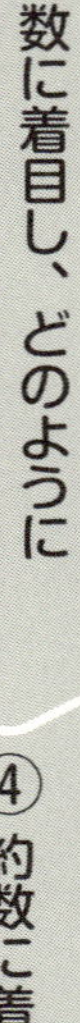

出席番号は１番だから，自分でしかひっくり返されないからずっと黒色です。２番は，１と自分の数の２にひっくり返されます

じゃあ，自分たちが誰にひっくり返されるか調べるといいのかな？

調べてどんなことが分かりましたか？

数字の約数の個数で白色か黒色か分かります

④ 約数に着目し、帰納的に整理する

例えば９だったら，約数は「1，3，9」だから，１のときは黒色に，３にひっくり返されるときは白色に，９のときは黒色になる。だから，偶数回ひっくり返されるのは白色に，奇数回は黒色になります

最後に黒になる数は，全部約数の個数が奇数になっています

I きまり・同じを見つける

1～30の出席番号のひっくり返される場面がその数字の約数であるということに着目し，集めた情報から約数の個数が偶数か奇数かで色が決まることを共有し，板書に書き加えながら価値付ける。

⑤ 数について捉え直し、数の適応範囲を広げる

じゃあ白色は 25 枚で，黒色は５枚です

なぜこんなに白と黒で差があるのですか？
黒色は５枚しかないけど……

約数が奇数だからです。なぜ５つの数だけ奇数になるのかな？

２ × ２とか３ × ３だからです

どういうことか分かりますか？

かける数もかけられる数も同じ数のときに約数の奇数になるってことです

じゃあ，36 番がいたら黒色です。
６ × ６＝３６だから

もしも 36 番がいたら黒だと分かります。もっと数が増えても分かるかな？

H　発展的，類比的

なぜ黒色は奇数なのかを考えることで，平方数に気付き，他の場面でも適応できるか発展的に考える姿を共有し，価値付ける。数の範囲が変わっても求めることができること，適応できる経験を積む。

❻「しこみ」が活かされる場面

●同じを見つける

調べたデータから「同じ」や「違い」に着目し，考察する見方・考え方を育てていく。調べたデータの数が根拠となり，妥当性を考察する一つとなる。

見つけた「同じ」や「違い」を根拠に筋道立てて説明したり，学び合ったりする態度を価値付け，よさを実感できるようにする。このことは，三角形の内角，外角の学習の際に活かせる。

●発展的に考える

自ら発展的に考える子どもの姿を引き出すためにはしかけが必要となる。ここでは平方数に気付かせることで，数の範囲を広げる子どもの姿を引き出すことができる。「なぜ黒色は，カードの枚数が少ないのか？」と問い，約数の個数の中の特徴に着目させる。「3 × 3」や「4 × 4」など同じ数字同士をかけて出る答えは，黒色になると気付く。そこで，「じゃあ，36 も分かる」や「どんな数の出席番号が出てきても分かる」という発展的に数の範囲を広げる姿を引き出し価値付けたい。

5年 何が分かれば決まるのかな？［合同］

1 本時のねらい

合同な三角形の作図方法を基に，合同な四角形を作図するのに必要な構成要素は何か考えることができる。

2 本単元でしこむ数学的な見方・考え方

時	主な学習活動	しこみたい数学的な見方・考え方
1	合同の意味を理解する。	C　重なるってどういうこと？
2	「対応する」の意味や合同な図形の性質を理解する。	I　合同な図形ならどれにも当てはまるかな？
3	対角線で分割してできた図形が合同になるか調べる。	H　対角線を引いてできた三角形が，正方形は合同，長方形は合同ではなかったけど，だったら他の四角形はどうなっているのかな？
4～6	合同な三角形を描くのに必要な構成要素について作図を通してまとめる。	C　角の大きさや辺の長さがいくつ分かれば合同な三角形がかけるかな？
7（本時）	**K　既習の三角形の作図方法と結び付けて，あと1点の決め方を考える。 C　2辺の長さでは1点が決まらなかったことから，必要な条件は何か考える。 H　3辺の長さと2角の大きさで合同な四角形をかけたことから，他の条件でもかけるのではないかと考える。**	

3 「しかけ」と「しこみ」の具体

「点Dが決まらないから，あと2つ分かれば……」を子どもから引き出す。そのためにすべてを見せるわけではなく，少しずつ見せることで，2辺の長さとその間の角の大きさで3点は決まるという見通しをもたせ，既習と関連付けさせることができる。そして，あと1点も合同な三角形を作図した方法で決めることができそうだという考えを引き出すことにつながっていく。

「何が分かれば決まるのかな？」を引き出すために，あと1点の決め方として2辺の長さでは「決まらない」という経験をさせることで，必要な条件は何か考えることにつながる。また，三角形の作図の際にも，2辺とその間の角ではないと決まらないという経験をさせておくことも大切である。

「だったら，まだあるよ」と他の構成要素から他の作図方法を考えられるように，どの要素でかくことができたのかを整理することも必要である。

4 板書計画

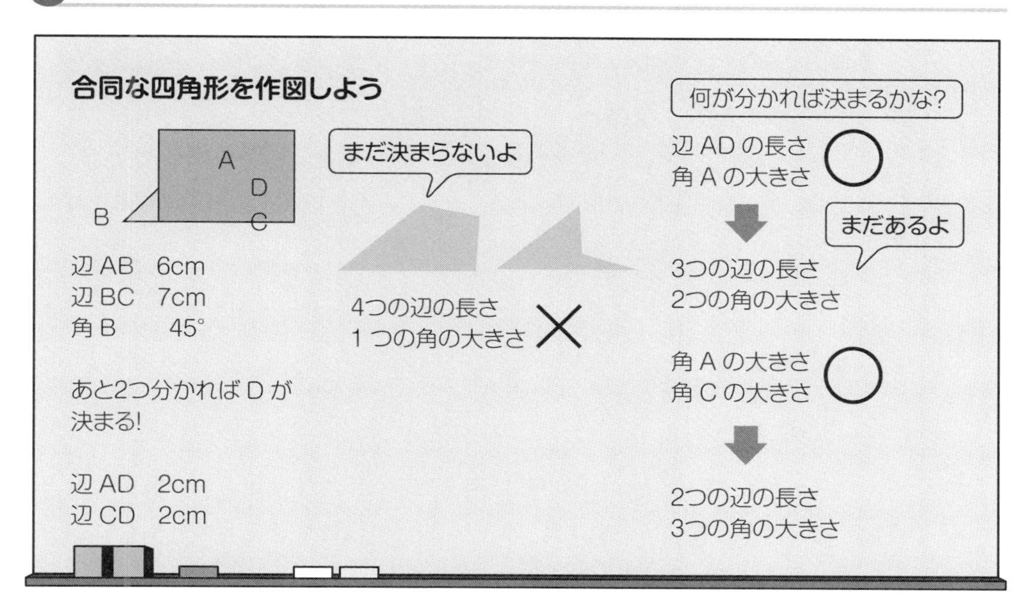

5 授業の流れ

① 合同な三角形の作図と結び付け、4点目の位置をどう決めればよいか見通しをもつ

少しずつ見せるように提示する（頂点 ADC の位置は仮であることを伝えておく）。

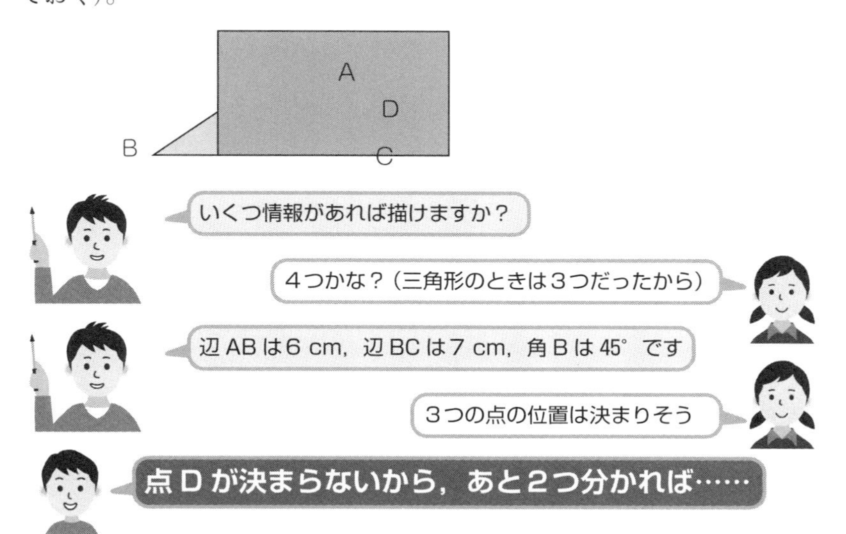

② 4点目の位置は2つの長さでは決まらないことを共有し、必要な要素は何かという問いをもつ

K 前の～が使えるんじゃないかな？

3つの情報から2辺とその間の角を使って，三角形 ABC を描くことができる。あと1点を決めればよいこと，あと2つの要素があればよいことなど，既習であるあと1点の決め方と結び付けて考えることができたことを板書に残し，称賛する。

辺 AD は2 cm，辺 CD は2 cm です

それぞれがノートに作図する時間を取る。

描いている際に「あれ，決まらない」といったつぶやきを拾っておく。

できました！

上図を作図した子どもから意図的に指名し，黒板で作図させ，コンパスの痕を残しておく。

ここを伸ばすと……

もう1つできる！

模造紙の裏の四角形を取り出し，重ねることで合同であることを確認する。

何が分かれば決まるのかな？

C ～ってどういうこと？

できなかったという事実を振り返り，何が分かれば決まるのかと他の条件に着目したことを板書に残し，その場で称賛する。

全体のスタートをそろえるために，4つの辺の長さと1つの角の大きさでは描けなかったことを振り返らせる。

③ 必要な構成要素について整理する

角Aの大きさと，辺ADの長さが分かればかけます

しこみチャンス

H だったら～の場合でも……できるのかな？

「もうないと思います」と逆の立場を取り，すぐには聞かないようにする。他の気付いていなかった子どもの「あっ！」という反応を待つようにする。今思ったことをノートに書かせ，机間指導で見取る。実際に描いた後に，気付いたことを称賛し，他の方法はないか考えることのよさを全体で共有する。

角Aの大きさと，角Cの大きさでもかけるんだ

合同な四角形を描くには，５つの情報があればかける

⑥「しこみ」が活かされる場面

６年「拡大図と縮図」で，１つの点を中心とした拡大図のかき方を考える場面で以下の図Ａのような作図方法を取り上げたときに，だったら，図Ｂのように，他の頂点からでもかくことができると考えるはずである。

また，三角形や四角形で条件を整理しながら，様々に作図する活動を行っているので，図形の見方も広がり，図Ｃ，図Ｄのように頂点ではなく，点ならどこからでも拡大図や縮図を描くことができるのではないかと考えを広げていくことができるはずである。

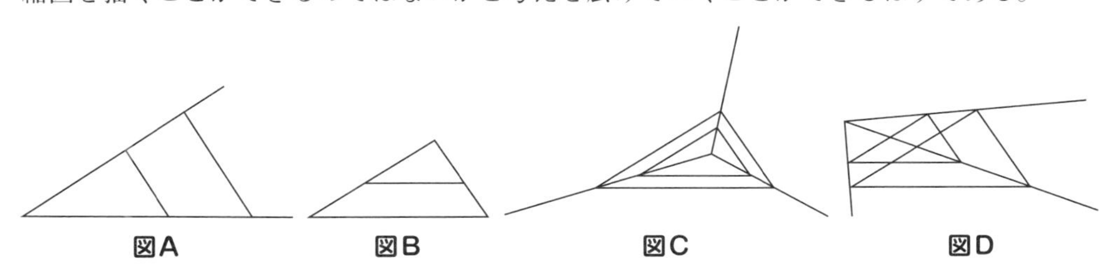

図A　図B　図C　図D

5年 夏好きはアイス好き……と言っていいのかな？［割合（データの活用）］

1 本時のねらい

自分たちのデータを基に，「夏が好きな人の中から見たアイスが好きな人」や「アイスが好きな人の中から見た夏が好きな人」などを割合で比べ，結論付けることができる。

2 本単元でしこむ数学的な見方・考え方

時	主な学習活動	しこみたい数学的な見方・考え方
1～3	割合の意味を理解し，比較量と基準量から割合を求める。	K　今までと求め方が違う。
4～7	比較量や比較量の求め方，和や差を含んだ割合の場合の比較量や基準量の求め方を考える。	B　この式からどんなことが分かるかな？
8（本時）	**M 「他の季節とアイスの関係も調べないと，まだ結論付けられない」という結論を批判的に捉え，データの取り方を改めて考える。 M　全体の数が少ないと１票に重みがあり過ぎるため，票数を多くして，より妥当な結論を導く。**	
9～13	帯グラフや円グラフの読み方や特徴，かき方を理解する。グラフから割合や絶対量を読み取り，問題を解決する。	M　これで本当にいいのかな？

3「しかけ」と「しこみ」の具体

本時でしこみたい数学的な見方・考え方は，「これで本当にいいのかな？」と結論を批判的に捉え，データの取り方について再度見直そうとする考えである。

子どもの具体的な言葉の１つ目は「夏好きはアイス好き……と言っていいのかな？」である。夏といえばアイスだと思っている子どももいれば，他の季節を連想する子どももいる。こちらから場面を提示し，限定的な場面の中で結論付けさせることで，他の季節とアイスの関係も調べてみたいという意欲を引き出す。

もう１つは「でも，春が好きな人の全体の数が少ないから……」である。その場で取ったデータを扱うことで，自分の票が入っているので，自分事として取り組むことができる。また，学級で行う以上，票は少なくなる。もっと票数を多くすることの必要感を感じられるものとなる。

4 板書計画

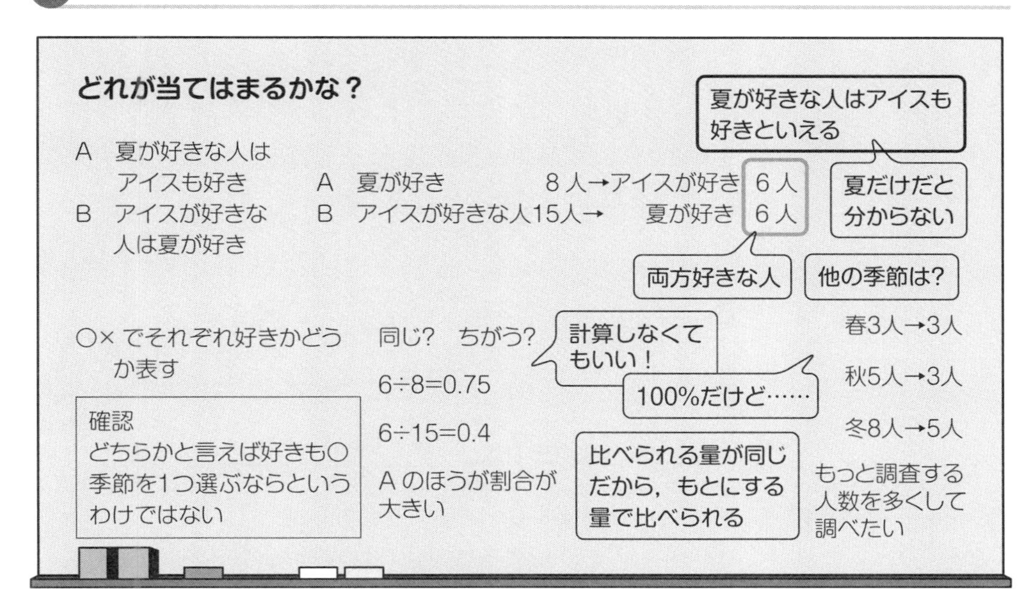

5 授業の流れ

① 自分の立場を明らかにしながら、問題の題意を捉える

「夏好きはアイス好き？」，「アイス好きは夏好き？」
どちらが正しいですか？

えー。どっちだろう？

夏が好きかどうか，アイスが好きかどうかをノートに書かせ，意見が途中で変わらないようにする。

夏好きの人を立たせ，その中でアイスが好きな人はそのまま立たせる。

次にアイス好きな人を立たせ，その中の夏が好きな人はそのまま立たせる。

最後に残っている人はどちらも好きな人なので，同じ人が残ることになる。

（わざととぼけたように）あれ？　最後に立っている人は
同じだから，どちらも同じかな？

はじめに立っていた人は違ったような……
もう１回調べたいです

自分のことだけでまだ周りを見ていない状況なので，判断できない状態でどちらが正しいか決めさせようとすることで，もう１回調べたいという意欲を引き出すことにつなげる。

数えている子どもを取り上げ，その人数を黒板に書く。

夏が好きな人８人　　　　　そのうちアイスが好きな人６人
アイスが好きな人15人　　　そのうち夏が好きな人６人

② 夏好きはアイス好きか、アイス好きは夏好きか、自分たちの結果を基に結論付ける

初めに立っていた人の数が違う！
割合で比べないと！

自力解決の時間を取る。

夏が好きな人の中のアイスが好きな人は　６ ÷ ８＝0.75
アイスが好きな人の中の夏が好きな人は　６ ÷ 15＝0.4
夏が好きな人の中のアイスが好きな人のほうが割合が大きい

計算しなくても比べられます。どちらも好きな人の数は同じだから……

あっ！　アイスが好きな人は15人，夏が好きな人は８人。
全体の数が少ないほうが割合が大きくなるね

では，調べた結果からどんなことが分かりましたか？

夏好きはアイスが好きだ！

夏好きはアイス好き……と言っていいのかな？

M　これで本当にいいのかな？

首をかしげている子どもや，納得していなそうな子どもなどを見取り，何に納得していないのかを全体に考えさせる場を設ける。
「夏しか……」などのキーワードが出たら，その続きを他の子どもに考えさせ，他の季節についても調べることのよさを全体に共有する。
また，調べたことで結論が変われば，調べようとした考えを称賛し，価値付ける。

他の季節も同様に調べて，再度結論付ける。

春が好きな人の中のアイスが好きな人のほうが多いから，春が好きな人はアイスが好きと言ったほうがよさそうです

③ 他の季節も調べた結果を基に結論付ける

でも，春が好きな人の全体の数が少ないから……

しこみチャンス **M これで本当にいいのかな？**

全体の人数（春が好きな人が３人で，そのうちアイスが好きな人が３人の場合など）が少なくて割合が大きくなった部分に着目した反応に対し，「割合が大きいからそう言っていいでしょ？」と教師が逆の立場を取り，揺さぶることで，より問題点を浮き彫りにする。解決後，すぐに結論付けず，全体と部分を再度見直そうとした考えを称賛し，価値付ける。

今度はもっと数を多くして，本当に夏が好きな人はアイスが好きか調べてみたいです

6「しこみ」が活かされる場面

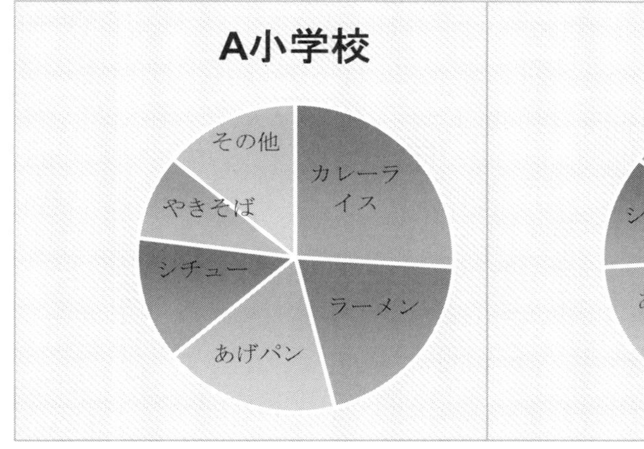

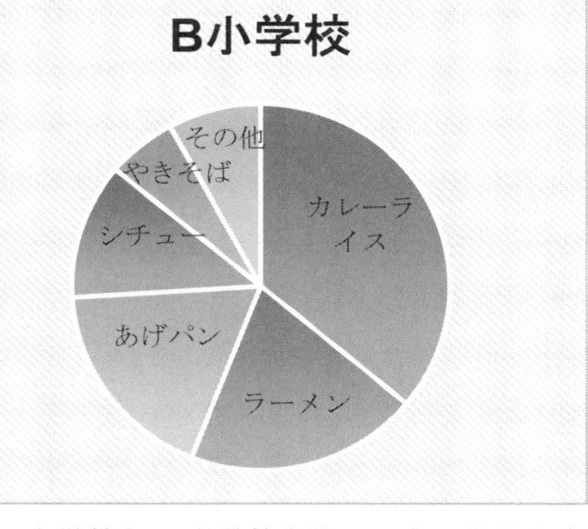

教科書の中でもよく扱われる場面である。Ａ小学校とＢ小学校を比べると，どちらもカレーライスが多いことが分かる。またＢ小学校のほうが割合が大きい。「Ｂ小学校のほうがカレーライスが好きな人が多いのですね？」と教師が揺さぶる。すると，子どもは「そのまま比べてよいのかな？」と立ち止まることができる。割合の見方も育っているので，「それぞれの小学校の人数が知りたい」と返ってくるはずである。割合だけでは比べられないと，慎重に結論付けようとする態度をここでも称賛し，価値付けたい。

6年 性質を使えば作図できる！［対称な図形］

1 本時のねらい

合同な図形や線対称な図形の性質を基に，対応する点の位置の決め方を考え説明することができる。

2 本単元でしこむ数学的な見方・考え方

時	主な学習活動	しこみたい数学的な見方・考え方
1～3	線対称な図形について，合同な図形を基に対称性を考え，同じ仲間と見て図形を分類したり調べたりする。	G　あの図形とこの図形は同じ仲間と言えるよ。だって……。
4～5 （本時）	**E　根拠をもって作図したり説明したりする。** **H　問題場面を広げて考えようとし，同じ考え方を振り返る。** **J　条件を整理し，簡単に作図できる方法はどれか考える。** **N　決まった手順で作図をする。**	
6～7	点対称な図形について，合同な図形を基に対称性を考え，同じ仲間と見て図形を分類したり調べたりする。	G　あの図形とこの図形は同じ仲間と言えるよ。だって……。
8～9	点対称な図形を作図する。	H　線対称な図形のときと同じように作図できないかな？
10	既習の図形を線対称や点対称の観点から考える。	G　あの図形とこの図形は同じ仲間と言えるよ。だって……。

3「しかけ」と「しこみの具体

空間を180°回転させて重なれば線対称な図形，平面上を180°回転させて重なれば点対称な図形であることを感覚的に捉えるのではなく，論理的に考察することによって平面図形の理解を一層深めるとともに，図形に対する感覚をより豊かにしていく。

本時のしかけは提示する図形である。まず，無地の用紙に描かれた図1のような三角形を提示し，残り半分をかき，線対称な図形を完成させようと投げかける。このような単純な図形を作図させることによって子どもから合同な図形の性質や線対称の性質で作図する2つの方法を引き出し，既習と関連付けながら根拠をもって説明したり作図したりする姿を価値付ける。

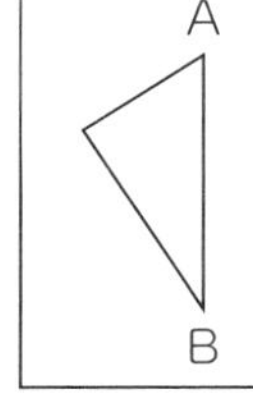

図1

そして，2つの作図方法をまとめた後，図2のような少し複雑な図形を提示する。この段階で，子どもはまとめた2つの作図方法から自分がより正確で簡単にできる方法を選び作図するようになる。このような姿を価値付けることが，次時以降，条件を整理してより効率のよい方法を考えたり一般化したりする力へとつながる。

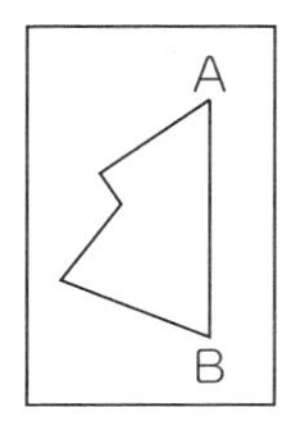

図2

4 板書計画

残り半分を作図してもとの図形を完成させよう。

どうやって残り半分の図形を作図したの？

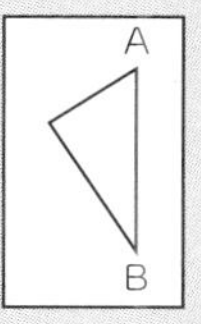

直線 AB を対象の軸とした線対称な図形の半分

えっ、マス目がないの？
どうやって作図すればいい？

合同な図形をもう一つ作図した

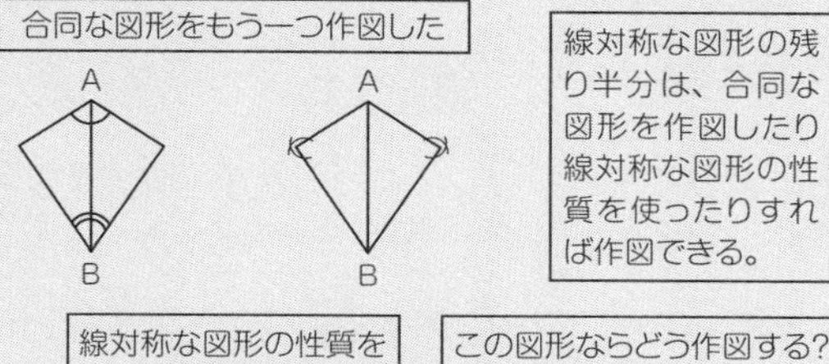

線対称な図形の残り半分は、合同な図形を作図したり線対称な図形の性質を使ったりすれば作図できる。

分度器とじょうぎ、コンパスを使えば作図できる！

線対称な図形なら合同な図形を作図すればいいから……
線対称の図形なら対称の軸に垂直に交わる直線をかいて……

線対称な図形の性質をつかって作図した

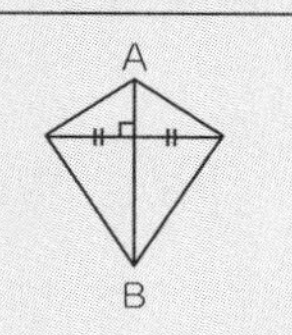

この図形ならどう作図する？

A
B

どの方法でかこうかな。
手順が少ないのは……
ズレずにかけるのは……

5 授業の流れ

① 無地の紙にかかれた図形1を基に線対称な図形をかく

図形１は直線 AB を対象の軸とした線対称な図形の半分です。残り半分をかいて基の図形を完成させましょう

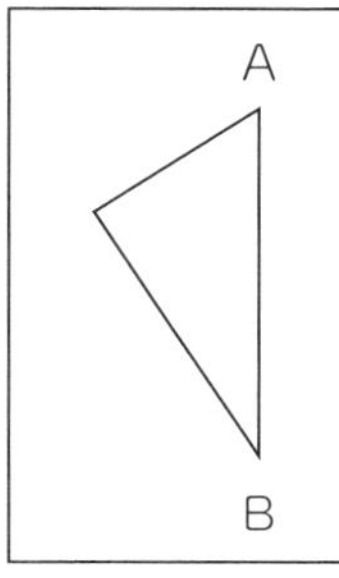

図１

えっ，マス目がないの？

どうやって作図すればいいかな？

分度器とじょうぎ，コンパスを使えば作図できそうです

分度器で角度を測って……

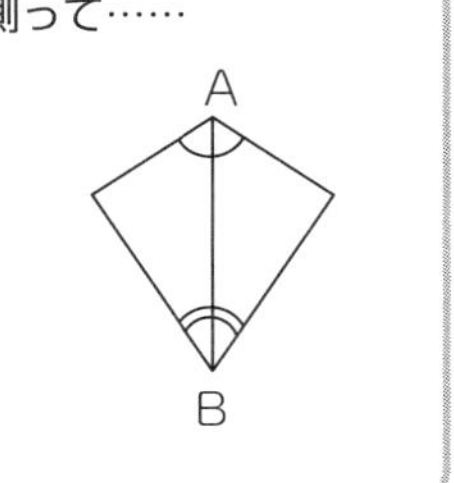

線対称な図形なら合同な図形をかけばいいから……

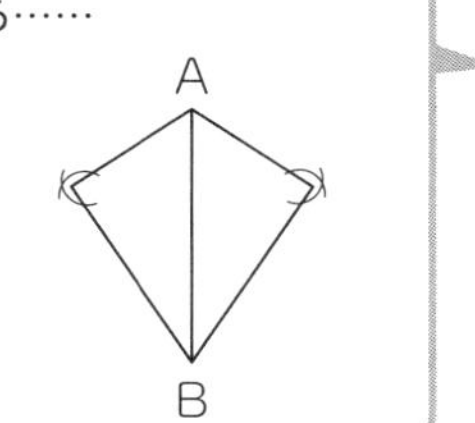

線対称の図形なら，
対称の軸に垂直に交
わる直線をかいて……

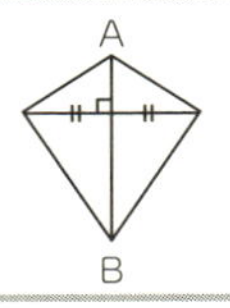

E 根拠をもって作図したり説明したりする

机間指導時に，合同や線対称な図形の性質を基にして作図している姿が見られた子どもに「そのかき方，いいね」と称賛するとともに，「どうして，そうかこうとしたの？」と問い，作図の根拠を明確にもたせる。

② 図形1の作図方法について考え、説明し合う

どのように作図したのか，見てみましょう

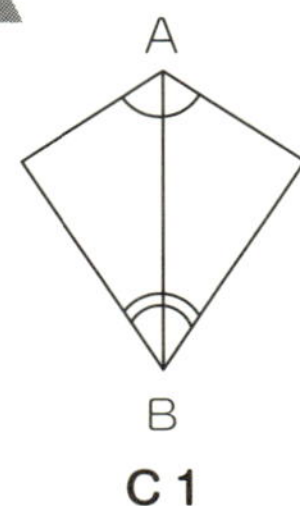

C 1

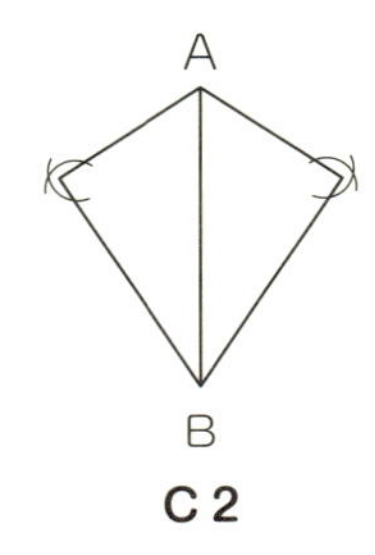

C 2

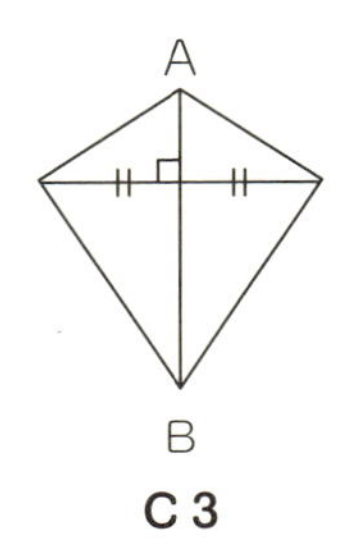

C 3

C 1とC 2は合同な図形を基に作図しているね。C 3は線対称な図形の性質を使って作図しているんだね

合同や線対称の性質を使えば作図できるんだ

E 根拠をもって作図したり説明したりする

合同や線対称な図形の性質を基にした作図や発言を「学習したことを基に考えていることがいいね」と称賛し，板書する。また，自分が考えなかった方法があれば再度作図するように指示し，体験させる。

③ 無地の紙にかかれた図形2を基に線対称な図形をかく

図形２は直線 AB を対象の軸とした線対称な図形の半分です。残り半分をかいて基の図形を完成させましょう

どの方法でかこうかな？

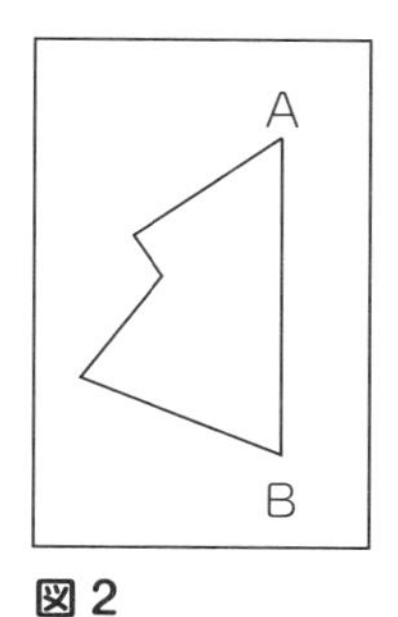

図２

C1 のかき方でかいたらズレちゃった

さっきの３つの作図方法の中で，正確に少ない手順でかけるのは，どれかな？

J 条件を整理し，簡単に作図できる方法はどれか考える

図１の作図方法のうちどの方法がより簡単に作図できるか考える姿を称賛し，板書する。そして，作図方法にかきやすさやかきづらさを感じている子どもには「どうしてそう思うの？」と問い，それぞれの作図方法のよさや困難さを明確にする。

❻ しこみが活かされる場面

●本単元の「点対称」の学習で

線対称な図形を学習した後に点対称な図形を学習する。線対称の学習でこのような授業を展開すると，点対称な図形を作図するとき，「点対称な図形の作図も線対称のときと同じように……」と考える子どもの姿が見られるようになる。「問題場面を広げて，既習の考え方を振り返り，根拠をもって考える」や「決まった手順で作図する」という数学的な見方・考え方が活かされるのである。このような見方・考え方を確実に価値付け，「性質に着目すると順序よく正確に作図できる」ことを実感させていく。

●中学校１年生「図形の移動」，「基本の作図」

本時の「性質に着目し，根拠をもって考える（作図する）」や「決まった手順で考える（作図する）」といった見方・考え方は中学校１年生の平行移動，対称移動や回転移動，二等分線の作図にもつながる。小学校で終わらず，中学校の学習でも図形の性質や関係に着目して図形を考えたり捉え直したりする活動をスパイラルに展開していき，図形を直感的に捉え論理的に考える力を育てていくのである。

6年

●が増えると角度が減るんだ [比例と反比例]

1 本時のねらい

●と角度という2つの数量の関係に着目し，●の数が2倍，3倍に増えると，角度が÷2，÷3に変わるという反比例の関係を見つけ，問題解決に取り組むことができる。

2 本単元でしこむ数学的な見方・考え方

時	主な学習活動	しこみたい数学的な見方・考え方
1～3	伴って変わる2つの数量の関係（比例）を表に表したり，□や○を用いて式に表したりして，その関係を捉える。	A　表に表すときまりが見えてくるね。 I　□や○を使うと，どんなと場面でも求めることができるね。
4	伴って変わる2つの数量の関係（比例）をグラフに表す。	A　表に表すときまりが見えてくるね。 I　グラフに表すと，変化の様子が見えてくるね。
5	比例関係を活用して問題解決に取り組む。	I　比例関係を使うと，様々な場面の数値を求めることができるね。
6（本時）	C　依存関係に着目し問題発見する。 I，E　きまりを発見し，根拠をもって説明する。 H　問題場面を広げて考える。	

3「しかけ」と「しこみ」の具体

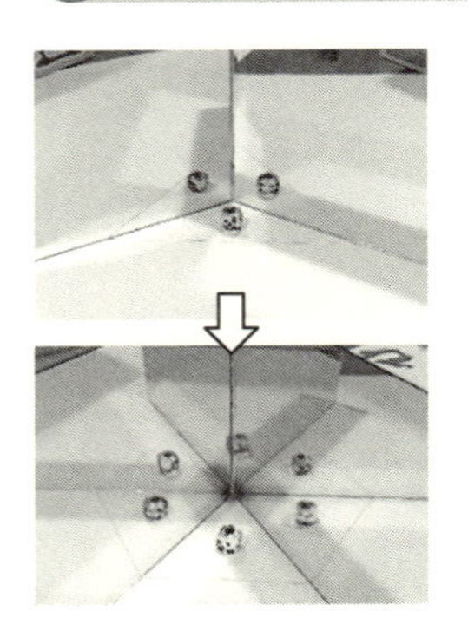

本時では，比例について様々な事象を扱った後，合わせ鏡の中に映る点が鏡の角度によって変わるというものを見せる。具体的な場面を見せることで，子どもたちは点の数の変化に驚きをもつとともに，「どうして数が増えるのだろう？」とその根拠を探していく。そこで，開く角度と●の数との関係を見いだしながら，「●の数が2倍，3倍と増えていくと，鏡を開く角度が$\frac{1}{2}$，$\frac{1}{3}$……と減っていく」反比例の関係があることに気付き，それをお互いに交流していく場面が生まれる。そこで教師は，子どもたちが見つけた変化の根拠を価値付けていく。問題解決場面としては9個のときを扱うが，「他の角度も調べてみたい」，「他の角度もきまりが分かれば，調べなくても分かる」，「実際に見えないけど，こうなるはずだ」と発展的に考えたり，きまりを基に先を予想したりする姿を引き出すことができる。授業の終末場面では，こうした姿も板書や言葉で価値付けていくとよい。

4 板書計画

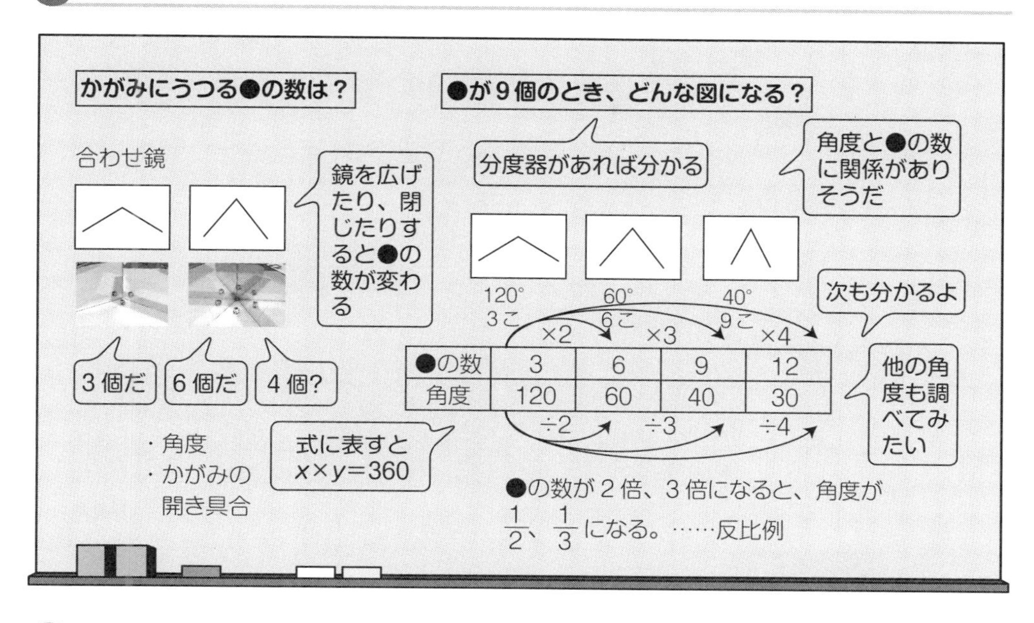

5 授業の流れ

①合わせ鏡に映る点（●）の数を予想しながら課題を理解する

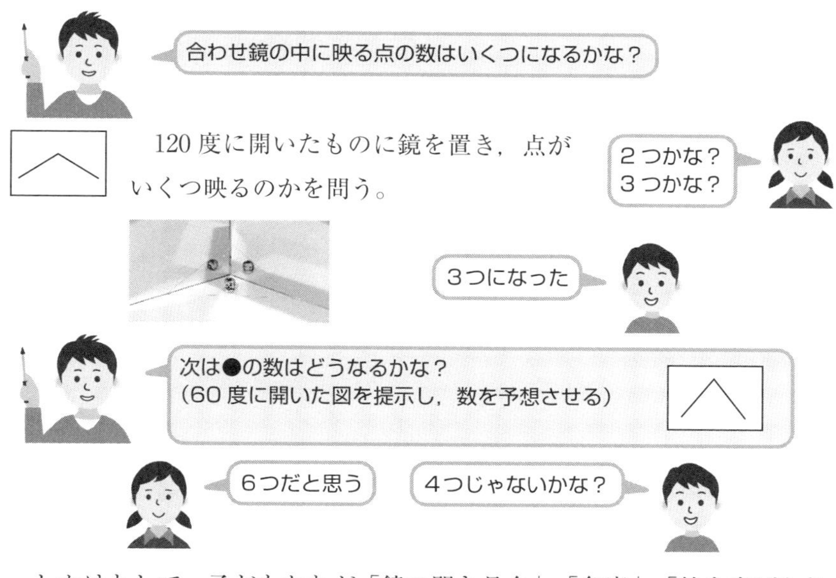

120度に開いたものに鏡を置き，点がいくつ映るのかを問う。

しかけとして，子どもたちが「鏡の開き具合」,「角度」,「鏡を広げたり，閉じたりすると点が変わる個数」を予想した根拠を板書しておく。そうすることで，9個の場面を自力解決する際のヒントとする。

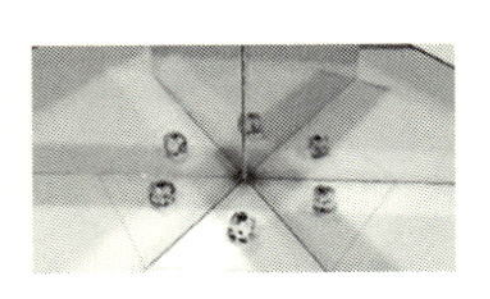

当たった。やっぱり６個だ

では，点が９個のときは，どんな図になるかな？

先生，分度器を使っていいですか？

どうして分度器を使いたいと言ったのかな？

分度器を使って角度を調べれば，その角度と点の数にきまりがあるんじゃないかと考えたからだと思います

C　依存関係に着目し，問題発見する

「角度を調べれば」で発言を止め，「続きを考えることができるかな？」と投げかける。そうすることで，角度と点の数に関係があることを全体で共有できる。「角度と点の数に関係がありそうだ」と板書し，「2つの関係に目を向けて考えようとしたんだね」と価値付ける。

②根拠を明らかにして、解釈したり説明したりする

自分なりに，９個になるときを予想してみよう

自力解決の時間を取る。

点の数は３，６，９と２倍，３倍になっているでしょ。角度を見てみると，120°，60°で ÷ ２になっているから，次は ÷ ３になって 40°になると思います

I，E　根拠をもって考え，説明する

「今言っていたことを自分の言葉で話すことができるかな？」と発問し，他の子どもに説明をさせたり，ペアで話をしたりするよう促す。「2倍，3倍，÷ 2，÷ 3」の関係を板書し，それまでの変わり方を根拠に自分の考えを説明したことを価値付ける。

③ 条件を変えて考える

40°の角度に開いて点の数を見てみよう

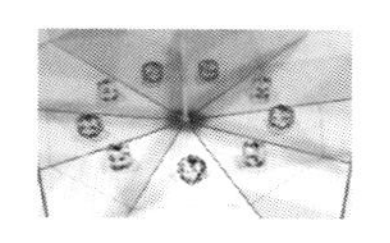

40°のときには９個になった

次も分かるよ！　だって，●が２倍，３倍になると，角度は$\frac{1}{2}$，$\frac{1}{3}$になっている。他の角度も調べてみたい

H　問題場面を広げて考える

「『次も分かるよ！』って言ったけど，どうしてそう言えるのかな？」と投げかけ，点の数が２倍，３倍になると，角度が÷２，÷３と変化するきまりから先を予想しようとする姿や，「他の角度も調べてみたい」と問題場面を広げていこうとする姿を価値付ける。

点の数が次は 12 個で，
角度は 30°になる

10 度だったら見えないけど，
36 個になるはずだ

実際に，いろいろな角度について調べてみよう

⑥「しこみ」が活かされる場面

●依存関係に着目する

本時の中では，●の数と角度に気付かせる過程も大切に扱う。●の数が増えるが，角度は減っていく。そうした「一方が２倍，３倍……になると，もう一方が$\frac{1}{2}$，$\frac{1}{3}$……になる」という反比例の場面も丁寧に扱うことで，比例についての理解を深めたり，様々な数の変化について柔軟な視点で問題解決に取り組んだりすることができるようになる。

●問題場面を自ら広げていく態度

いくつかの条件から数の変化のきまりを見つけ，「この先こうなるはずだ」と根拠をもって考えたり，問題場面を見いだしたり，広げていったりする態度は，算数授業の中で育てていきたい大切な見方・考え方である。ペアや一斉での発言で交流させたり，言葉でよさを伝えたり，板書したりして全体に共有することで価値付けていきたい。

6年 さっきのきまりを使えば，全部書かなくてもできるよ！［場合の数］

1 本時のねらい

樹形図などの既習の方法を活用して，ナシの分け方の総数を求める中で，落ちや重なりがなく数える方法の理解を深めることができる。

2 本単元でしこむ数学的な見方・考え方

時	主な学習活動	しこみたい数学的な見方・考え方
1	4種類の味から3段アイスを作るときの通り数を考える（ただし，同じ味を2つ以上選んではいけない。乗せる順番が違ったら違うアイスとする）。	A 記号化したり，図（樹形図）や表に表したりすると分かりやすいね。
2	4種類の味から3段アイスを作るときの通り数を考える（ただし，同じ味を2つ以上選んではいけない。乗せる順番が違うだけなら同じアイスとする）。	H 同じ味を選んでもよかったり，5種類から選んだり，4段アイスだったりすると答えはどうなるのだろう？
3	順列に関する様々な問題を解く。 ・4枚の数カードから2枚を選び，2けたの整数をつくる。 ・メダルを投げたときの表と裏の出方。	G 問題場面が変わっても通り数を求めるときは樹形図や表が使える。
4	組み合わせに関する様々な問題を解く（4チームでリーグ戦を行う）。	J 問題場面によってはリーグ表や多角形の対角線と辺の総数を数える方法も分かりやすい。
5（本時）	**I ナシの数と分け方の総数との関係（きまり）を見つける。 H 兄弟が3人だったらどうかと問題を発展させる。 K 兄弟が2人のときの方法を3人のときにも関連付けて考える。**	
6	確認問題に取り組む。	

3 「しかけ」と「しこみ」の具体

本時でしこみたい数学的な見方・考え方は，きまりを見つけ（I），そこから兄弟が3人ではどうかと発展させ（H），兄弟が2人のときに見つけたきまりを3人のときに関連付けて考える（K）姿である。

教材自体がきまりが見えるものであり，発展させやすいというしかけになっている。兄弟2人で4個から導入し，ナシの数を変えることで「ナシの個数＋1＝分け方の総数」ときまりが見える。いつでも成り立つ決まりかと問うことで兄弟の人数を変えてみようとする姿も促せる。兄弟の人数を変えた後も，変える前の考え方を活かすことができる教材である。

④ 板書計画

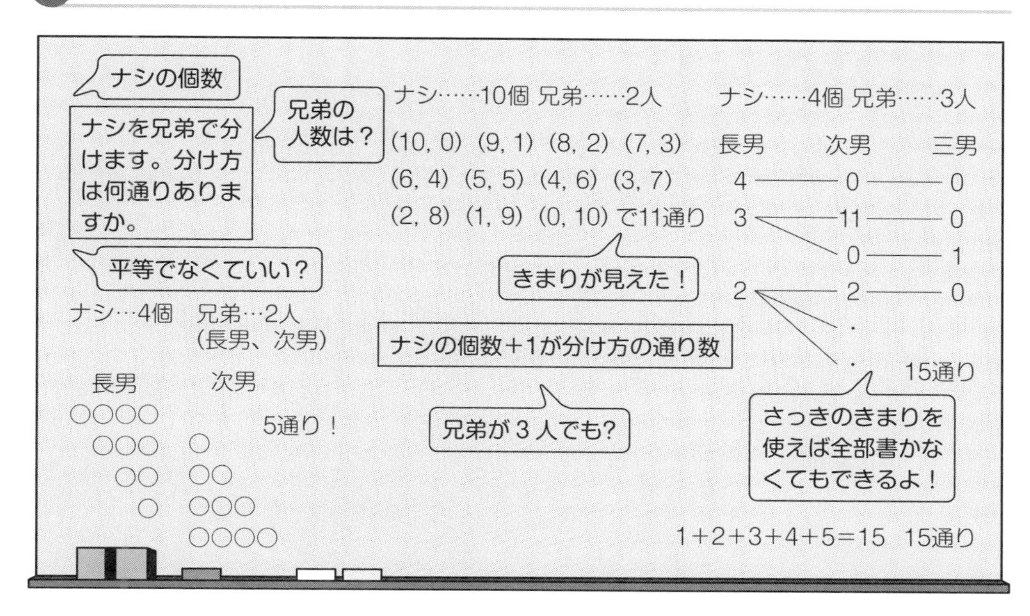

⑤ 授業の流れ

① ナシ4個を兄弟2人で分ける方法を考え、問題場面を把握する

しかけとして，ナシの個数や兄弟の人数，分け方などをあえて示さないことで，問題の条件を子どもと共に確認していく。出てきた質問を板書しておくとよい。

確認した条件を板書する。

② ナシの個数を変えて考える

簡単過ぎましたね。そうしたら，ナシの個数が 10 個のときは何通りになりますか？

自力解決①を行う。

さっきと同じように順番に書き出して，(10，0)(9，1)(8，2)(7，3)(6，4)(5，5)(4，6)(3，7)(2，8)(1，9)(0，10) の 11 通りです

ナシが 10 個になるだけで，書き出すのも大変でしたね。これ以上ナシを増やすと難しいですね

きまりが分かりました！　ナシの数が何個になってもすぐに答えが分かります！

I ナシの数と分け方の総数との関係（きまり）を見つける

「○○くんが何か分かったらしいのだけど，何のことかな？」と全員に問い返す。「分け方の総数＝ナシの個数＋ 1」というきまりを板書する。100 個のときの分け方の総数などを問い，きまりのよさを実感させる。

きまりとして成り立たせる際は，ナシの個数を変えて調べさせる。

このきまりを使えば，いつでも分け方の通り数をすぐに求めることができますね

兄弟が２人のときはできたけど，３人だったらどうなるのだろう？

H 兄弟が 3 人だったらどうかと問題を発展させる

「3 人だったら」という発言を「問題を変えて考えるのはいいね」と褒めて板書する。この後，全員で追究する。

③ 兄弟の人数を変えて考える

ナシが4個で3人兄弟だったらどうなるのでしょうか？

自力解決②を行う。

また，さっきと同じように書き出して，(4，0，0)(3，1，0)(3，0，1)(2，2，0)(2，1，1)(2，0，2)(1，3，0)(1，2，1)(1，1，2)(1，0，3)(0，4，0)(0，3，1)(0，2，2)(0，1，3)(0，0，4)の15通りです

樹形図のほうが書く量が少なくていいです

さっきのきまりを使えば，全部書かなくてもできます！

K 兄弟が2人のときの方法を3人のときにも関連付けて考える

「さっきのきまりが使える」と板書し，どういうことか全体に問い返す。ペアなどで話させ，きまりを使って解決する方法を全体で共通理解させる。

長男のナシの数を固定すれば，残りは2人兄弟と同じになるので，さっきの「ナシの個数＋１」のきまりが使えます。例えば長男に2個あげた場合，残りの2個を2人で分けるから，2＋1で3通りです

長男に4個あげると，0個を2人で分けるので1通り。長男を3個とすると2通り。同じように考えていくと，1＋2＋3＋4＋5で15通りです

6 「しこみ」が活かされる場面

今後の中学校数学の「確率」の余事象の見方などがまさに似ている。見方を変えて，求めた確率 P を用いて，$1-P$ で確率を求めるなど既習事項の適用の幅が広がっていく。例えば5枚のコインを投げて，少なくとも1枚が表になる確率を求める際，表が1枚でもある通り数を数えるより，見方を変えて，簡単な全部が裏の通り数を求めて1から引くことで，答えが $\frac{31}{32}$ と求められる。

6年 ○○で選べば，この組だ！［データの活用］

1 本時のねらい

データの特徴や傾向に着目し結論について判断するとともに，その妥当性について多面的，批判的に考察することができる。

2 本単元でしこむ数学的な見方・考え方

時	主な学習活動	しこみたい数学的な見方・考え方
1～3	代表値や資料の散らばりの様子を調べ，資料の特徴を考察する。	C　いいと言えるのはどっちだろう？
4	資料を度数分布表に整理し，読み取り，資料の特徴をまとめる。	B　表からどんなことが分かるかな？
5～6	資料を柱状グラフに表したり，読み取ったりし，統計的な観点でまとめる。	M　これで本当にいいのかな？
7	既習のグラフを組み合わせたグラフを読み取る。	B　グラフからどんなことが分かるかな？
8（本時）	**B　表やグラフで表された量的データから集団の特徴を統計的に読み取る。 E　データやそれを基に作成した指標を根拠にして問題を解決しようとする。 M　導いた結論が妥当であるかどうか，多面的，批判的に考察する。**	
9～10	日常の場面の問題を統計的に解決する。	M　これで本当にいいのかな？

3「しかけ」と「しこみ」の具体

6年生のデータの活用の授業では，子どもが目的をもって問題を解決したり意思決定したりするために，データを集めてグラフや表にまとめ，代表値や散らばりに着目してその集団の特徴や傾向を読み取り，条件を整理して結論を導いたり，導いた結論が妥当であるか多面的，批判的に考察したりすることが大切である。

本時のしかけは3つである。一つ目は「長縄とび大会で，3つのクラスのうち代表となる1クラスを決める」という問題場面にし，子どもが過去の統計を基に未来のことを考えるようにするということ。二つ目は特徴が異なる3つのクラスの長縄練習記録と練習時に引っかかった回数，そして過去の大会の優勝記録を提示し，複数のデータを多面的に考察し，自分が判断した根拠を導き出させるようにするということ。三つ目は「これから期待できる選択肢はどれか」，「リスクが少ない選択肢はどれか」など，選択肢の決定によって起こる結果の可能性や期待を評価するということである。

このようなしかけを通して，データを基に統計的に問題を解決しようとする態度と，データを基に結論を多面的，批判的に考察する力をしこんでいく。

❹ 板書計画

長なわとびの地区大会代表を決めよう

【長なわとび　3クラスの記録（回）】

	第1回 4月	第2回 5月	第3回 6月	第4回 7月	第5回 8月
6年1組	40	42	88	91	90
6年2組	25	46	68	89	95
6年3組	32	72	55	103	81

【長なわとび　引っかかった回数（回）】

	第1回 4月	第2回 5月	第3回 6月	第4回 7月	第5回 8月
6年1組	2	3	0	0	0
6年2組	3	3	2	1	0
6年3組	2	0	5	0	2

【過去の優勝記録（回）】

	2016	2017	2018
優勝記録	87	101	94

・3クラスの中から1クラスを代表として選ぶ。
・選んだ組とその理由を、みんなに説明する。
・本大会は9月である。
・1分間に一番たくさんとんだクラスが優勝。
・と中でひっかかっても再開できる。

出るからには優勝をねらいたいよね。
何組を代表にするか迷う。
データをよく見て考えよう。
それぞれの組の特徴は……

何組を代表にすれば優勝できそうかな？

長なわとび
3クラスの記録（回）
150
100
50
0
第1回　第2回　第3回　第4回　第5回
----1組　——2組　……3組

	平均値	最大値	1回平均何回引っかかっているか	過去3回の引っかかった回数
6年1組	70.2回	91回	1回	0回
6年2組	64.6回	95回	1.8回	2回
6年3組	68.6回	103回	1.8回	7回

安定を重視するなら1組
記録の伸び方に期待するなら2組
1発をねらうなら最高記録を出した3組

もう一度予選会を開いて、とったデータをあわせて見てみたらどうかな？

❺ 授業の流れ

① 問題場面をつかみ課題をつくる

長縄とびの地区大会が，9月にあります。3クラスの中から1クラスを選びます。何組を代表にすればいいでしょう？

【長なわとび　3クラスの記録（回）】

	第1回 4月	第2回 5月	第3回 6月	第4回 7月	第5回 8月
6年1組	40	42	88	91	90
6年2組	25	46	68	89	95
6年3組	32	72	55	103	81

【過去の優勝回数（回）】

	2016	2017	2018
優勝記録	87	101	94

【長なわとび　引っかかった回数（回）】

	第1回 4月	第2回 5月	第3回 6月	第4回 7月	第5回 8月
6年1組	2	3	0	0	0
6年2組	3	3	2	1	0
6年3組	2	0	5	0	2

・3クラスの中から1クラスを代表として選ぶ。
・選んだ組とその理由を，みんなに説明する。
・本大会は9月である。
・1分間に一番たくさんとんだクラスが優勝。
・と中でひっかかっても再開できる。

② データを分析し、一応の結論を出す

平均値や最大値で比べると……

	平均値	最大値	1回平均何回引っかかっているか	過去3回の引っかかった回数
6年1組	70.2回	91回	1回	0回
6年2組	64.6回	95回	1.8回	2回
6年3組	68.6回	103回	1.8回	7回

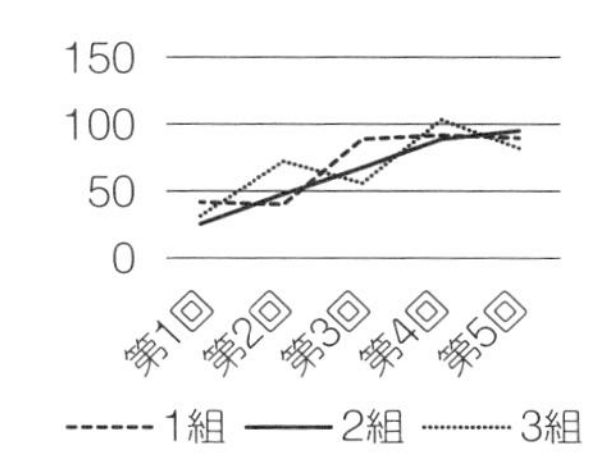

1組は6月までに記録が上がって，その後90回前後を記録しているね。平均値も一番高く，引っかかった回数も少ない。2組は……

B 表やグラフで表された量的データから集団の特徴を統計的に読み取る

量的データから代表値や変化，割合などに着目して集団の特徴を捉えようとしている姿を称賛する。分析の観点は板書して共有させ，気付かなかった子どもが分析に生かせるようにする。

③出した結論について話し合う

みなさんなら，どのクラスを代表にすればいいと考えますか？

1組。増え方と引っかかった回数の平均を組み合わせてみると，一番安定している。本番で失敗する可能性が少ないと思う

2組。記録が伸び続けているので，次回も記録更新が期待できる。過去の優勝回数を見ても過去2回の記録を上回っているから

3組。最高記録を出している。この記録が本番でも出れば確実に優勝できる。でも，引っかかるのも多いから，もしかしたら本番で失敗するかもしれない

E データやそれを基に作成した指標を根拠にして問題を解決しようとする

データを根拠にして結論を導こうとする姿を称賛する。

各組の決定理由となる子どもたちのデータの見方や評価は板書する。

④ 学習を振り返り、自分なりの結論を出す

なかなか，決められません。どうしましょうか？

安定を重視するなら１組だし，記録の伸び方に期待するなら２組。そして，一発をねらうなら最高記録を出した３組を選ぶといいよ

もう１回予選会をして，そのデータで決めるといいよ

N 導いた結論が妥当であるかどうか多面的，批判的に考察する

どのデータに着目するか，どのように分析するかなど，データの見方や考え方によって結論は異なってくる。また，「このデータだけでは決められない。もう一度データを取りたい」という姿が見られることもある。このような発言や態度を認め板書するともに，全体で対話させ確認する。

❻「しこみ」が活かされる場面

●データを活用するよさ

データを根拠にして問題を解決したりする力は，中学校の学習や日常生活の場面でのデータの活用につながる。本実践のような学習を通して「集めるデータやその見方によって集団の様々な特徴や傾向が見えてくる」ことや「データを根拠にするとみんなが納得する結論が導き出せる」ことなど，データを活用するよさを実感させていくことが大切である。

●確率につながる

不確定な事象を予測する態度は，中学校２年生の「確率」の学習につながる。データで判断するときの「きっと○○だ」や「割合で考えると……」などの態度は評価したい。

あとがき

新学習指導要領の完全実施が近づいてきた。巷では様々な新しいキーワードに注目が集まり，その解釈に関する議論が交わされている。本書でも「数学的な見方・考え方」という言葉にこだわってみた。現行の学習指導要領まで「数学的な考え方」と表現されていたものが新学習指導要領では「数学的な見方・考え方」と変わったことで，脚光を浴びている言葉の一つである。いろいろな書籍を見ると，これまでの「数学的な考え方」と「数学的な見方・考え方」とを比較して，その中身の違いについての解釈が書かれているものが多い。中には，「数学的な見方・考え方」を育てるための算数授業について論じられているものもある。

我々「子どもの心に『こだま』する算数授業研究会」，通称「こだまの会」では，「数学的な見方・考え方」という言葉の中身の解釈ではなく，「数学的な見方・考え方」を働かせる子どもの姿とはどのような子どもの姿なのかということに焦点を当てて検討してきた。そこでは，小難しい分析方法にこだわるのではなく，毎日子どもと一緒に算数授業を行っている学校現場の教師である我々が，実際の算数授業で素直で素敵だと思える子どもらしい姿を抽出するという方法を採った。算数授業に臨む我々教師が，そこで目にする子どもの姿を素敵だと思うときには，必ず何らかの理由がある。例えば，算数の授業で新たなものを見いだすきっかけとなった発言やみんなが納得できる表現をしたとき，逆に自分の困っていることを素直に吐露する姿や，それに関わっていこうとする子どもの姿等，これらを素敵だと感じられる教師の感覚があればこそ，「数学的な見方・考え方」を働かせる子どもの姿も分析できると考えたのである。我々は日々の算数授業で見られた素敵な子どもの姿を報告し合い，帰納的にそれぞれの子どもの姿の意味や価値を整理した。本書で示した「数学的な見方・考え方」を働かせている子どもの姿が，その分析結果である。

ところで，本研究会が「しかけ」と「しこみ」の授業づくりを提案してから2年が経過した。本書は『「しかけ」と「しこみ」』シリーズの第3弾である。子どもが「数学的な見方・考え方」を働かせられるようになるためには，絶対に「しこみ」が欠かせない。今回のテーマは，日々の算数授業の中で具体的な子どもの姿を価値付けていくことの重要性を伝えたいという思いから設定されたものでもある。つまり，これまでの2冊に比べて「しこみ」に重点を置いているのが本書なのである。これをきっかけとして読者の皆様にも「しかけ」と「しこみ」の関係を改めて検討していただければ幸いである。

最後になりましたが，本書を出版するにあたり，東洋館出版社の大場亨氏には大変お世話になりました。改めて感謝申し上げます。

2019年8月

［子どもの心に「こだま」する算数授業研究会顧問］山本　良和

執筆者一覧

＊編著者

山本 良和（やまもと・よしかず）

筑波大学附属小学校教諭
1963年高知県生まれ。鳴門教育大学大学院修了（修士）。高知県公立小学校，高知大学教育学部附属小学校を経て，現職
筑波大学，國學院大學栃木短期大学講師，全国算数授業研究会会長，算数授業ICT研究会代表，日本数学教育学会出版部常任幹事，学校図書教科書執筆・編集委員
著書に，『新版 小学校算数 板書で見る全単元・全時間の授業のすべて 6年下』（監修，東洋館出版社，2011年），『気づきを引きだす算数授業』（文溪堂，2013年），『山本良和の算数授業のつくり方』（東洋館出版社，2013年），『山本良和の算数授業 必ず身につけたい算数指導の基礎・基本55』（明治図書出版，2017年）他多数

＊著　者

子どもの心に「こだま」する算数授業研究会

＊執筆者（所属は2019年7月現在）

尾形　祐樹　日野市立日野第五小学校：まえがき，Ⅱ章1年［3つの数の計算］，［広さ比べ］
山本　良和　上掲：Ⅰ章，あとがき
山極　　潮　日野市立東光寺小学校：Ⅱ章1年［ひきざん］
小川　志穂　日野市立日野第五小学校：Ⅱ章1年［かたちづくり］
上月　千尋　立川市立第九小学校：Ⅱ章2年［かけ算］
田中　英海　東京学芸大学附属小金井小学校：Ⅱ章2年［分数］，3年［九九を見直そう］，［□を使った式］
河内麻衣子　豊島区立高南小学校：Ⅱ章2年［はこの形］
滝澤　一弥　荒川区立第三瑞光小学校：Ⅱ章2年［時刻と時間］
黒坂　悠哉　三鷹市立高山小学校：Ⅱ章3年［分数］
岡田　紘子　お茶の水女子大学附属小学校：Ⅱ章3年［表と棒グラフ］
竹上　晋平　新宿区立東戸山小学校：Ⅱ章4年［がい数の表し方］，［面積のはかり方と表し方］
菅野　祥夫　小平市立小平第一小学校：Ⅱ章4年［平面図形の面積］
髙井　淳史　国立市立国立第三小学校：Ⅱ章4年［わり算の筆算］，6年［場合の数］
小泉　　友　立川市立幸小学校：Ⅱ章5年［単位量当たりの大きさ］，6年［比例と反比例］
稲葉　圭亮　三鷹市立東台小学校：Ⅱ章5年［倍数と約数］
河合　智史　国立市立国立第三小学校：Ⅱ章5年［合同］，［割合］
石川　大輔　荒川区立第一日暮里小学校：Ⅱ章6年［対称な図形］，［データの活用］

「数学的な見方・考え方」を働かせる
子どもを育てる「しかけ」と「しこみ」

2019（令和元）年 9 月 15 日　初版第 1 刷発行

編 著 者　山本　良和
著　　者　子どもの心に「こだま」する算数授業研究会
発 行 者　錦織　圭之介
発 行 所　株式会社東洋館出版社
〒 113-0021
東京都文京区本駒込 5 丁目 16 番 7 号
（営業部）電話 03-3823-9206　FAX03-3823-9208
（編集部）電話 03-3823-9207　FAX03-3823-9209
振　　替 00180-7-96823
U R L http://www.toyokan.co.jp

印刷・製本：藤原印刷株式会社
装丁・本文デザイン：中濱　健治

ISBN978-4-491-03782-0
Printed in Japan

初等教育学

算数科基礎基本講座

書籍詳細情報は
コチラ➡

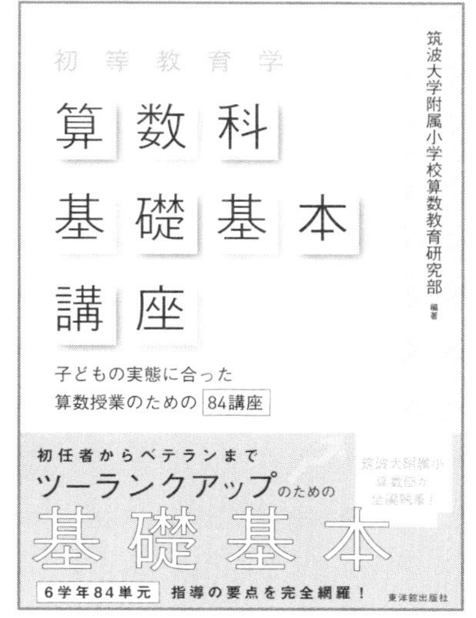

子どもの実態に合った算数授業のための84講座

筑波大学附属小学校算数教育研究部 編著

本体価格　2,200円＋税

6学年84単元！各学年の子どもの認知特性に沿った単元指導のポイントをまとめました！ 初任者からベテランまで算数授業をツーランクアップさせるための、算数授業の基礎基本講座。

－ 目次 －

東洋館出版社
〒113-0021　東京都文京区本駒込5丁目16番7号
TEL: 03-3823-9206　FAX: 03-3823-9208
URL: http://www.toyokan.co.jp